# 写给爸爸的
## 亲子沟通书

陈翠花/编著

民主与建设出版社

·北京·

©民主与建设出版社，2022

**图书在版编目（CIP）数据**

写给爸爸的亲子沟通书／陈翠花编著．－北京：
民主与建设出版社，2022.9
ISBN 978-7-5139-3941-6

Ⅰ．①写… Ⅱ．①陈… Ⅲ．①家庭教育 Ⅳ．①G78

中国版本图书馆 CIP 数据核字（2022）第 156016 号

## 写给爸爸的亲子沟通书

### XIEGEI BABADE QINZI GOUTONGSHU

| | | |
|---|---|---|
| 编　　著 | 陈翠花 | |
| 责任编辑 | 周佩芳 | |
| 封面设计 | 尚世视觉 | |
| 出版发行 | 民主与建设出版社有限责任公司 | |
| 电　　话 | （010）59417747　　　59419778 | |
| 社　　址 | 北京市海淀区西三环中路 10 号望海楼 E 座 7 层 | |
| 邮　　编 | 100142 | |
| 印　　刷 | 香河县宏润印刷有限公司 | |
| 版　　次 | 2022 年 9 月第 1 版 | |
| 印　　次 | 2022 年 11 月第 1 次印刷 | |
| 开　　本 | 710 毫米×1000 毫米　1/16 | |
| 印　　张 | 13 | |
| 字　　数 | 220 千字 | |
| 书　　号 | ISBN 978-7-5139-3941-6 | |
| 定　　价 | 58.00 元 | |

注：如有印、装质量问题，请与出版社联系。

# 前 言

在家庭教育中，爸爸一定要重视与孩子沟通，因为沟通是亲子相处的重要方式，也是开展亲子教育的重要渠道。如果没有沟通，不管是亲子相处还是家庭教育，都会面临很大的困境，甚至无法开展下去。近些年来，随着教育理念的不断更新，越来越多的爸爸在家庭生活中不仅仅肩负着赚钱的艰巨任务，也开始意识到要担负起孩子成长中该承担的责任，同妈妈一样参与孩子的成长。为此，爸爸们开始调整生活的重心，拿出更多的时间来陪伴孩子，也付出更多的心力照顾和教育孩子。在生活中，很多爸爸不善言辞，对于孩子的身心发展规律和性格特点也缺乏了解，因而在与孩子沟通时会出现词不达意、误解孩子、不能控制自己情绪等情况。本书的目的就在于帮助更多的爸爸学会与孩子沟通，慢慢打开孩子心扉，走进孩子的内心世界，倾听孩子的真实心声，最终成为一位合格的爸爸。唯有如此，爸爸与孩子之间才会更加亲近，相处也会更加和谐。

说起沟通，很多爸爸都存在误解。他们认为所谓沟通就是和孩子讲话，但实际上，会讲话并不等于会沟通。此外，沟通也不仅仅限于讲话，有时候沟通也可以是无声的，比如通过一个眼神、一个肢体动作就能传情达意，且同样具有良好的沟通效果。

当然，爸爸们也没有必要因此而感到紧张，觉得自己欠缺沟通能力。其实只要爸爸们用心陪伴孩子，耐心揣摩孩子的心思，尊重孩子的感受，平等地对待孩子，就可以与孩子保持顺畅的沟通，为亲子教育铺垫良好的基础。

如今的爸爸们作为家庭的顶梁柱和职场上的中流砥柱，的确承受着巨大压力，深感生活之不易。但平时工作即使辛苦，也应该肩负起养育孩子的重任。哪怕每天满身疲惫地回到家里，也应该和孩子共享温暖的亲子时光；哪怕经过一天的劳作已经不想开口说话，也应该给孩子讲睡前故事；哪怕看到孩子作业写得一塌糊涂火冒三丈，也应该压制住喷薄的怒火，以笑脸面对孩子，以恰当的方式沟通……

有人说人生就是一场修行，其实养育孩子也是每一位爸爸最大的修行。如果爸爸能够做到始终情绪平稳、言语温和地对待孩子，那么孩子长大后也一定充满能量，足够强大，无所不能。

本书教会了爸爸们在教育孩子的过程中如何做好自己。

例如，当孩子做错事，在教育孩子时，一定要控制好自己的脾气，避免发怒；再如，当给孩子讲道理时，一定要站在孩子的角度，用他乐于接受的语言来对他进行循循善诱；最后，也是最重要的，在面对犯错的孩子时，爸爸无论多生气，都一定要管好自己的手和脚，千万不能对孩子动粗。总之，在教育孩子的过程中，爸爸们一定要做到实事求是、以身作则、公平公正地对待孩子，在孩子心目中树立起威信，成为孩子坚实的靠山！

当发现孩子有了异常的言谈举止之后，爸爸要先反思自己的言谈举止，及时完善自己做得不好的地方，这是因为，孩子是爸爸的镜子。面对孩子，爸爸时刻都要有照镜子的心理，时刻保持警醒，以让自己做得更好，给孩子留下正面、积极的印象。

作为爸爸，每天和孩子朝夕相处，对孩子的教育不能仅限于直接的说教，更多的是通过良好的行动来潜移默化地影响孩子。

　　要成为一位好爸爸，需要每一位爸爸投入大量的时间和心力。在与孩子互相促进、共同成长的过程中，第一次当爸爸的"爸爸"和第一次当孩子的"孩子"终将会从针锋相对走到心意相通，从"敌我相对"走到肝胆相照，想想，这又是一个多么美好的过程啊！

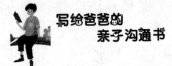

## 第六章　爸爸改变,孩子才会改变

# 第一章

## 学会积极倾听, 是爸爸与孩子沟通的第一步

沟通是一切人际关系的前提和基础, 只有在顺畅沟通的前提下,

人际关系才能得以建立和发展, 亲子关系也是如此。

# 爸爸要知道亲子沟通的意义

在亲子关系中，对于每一位爸爸而言，最煎熬的莫过于看着近在咫尺的孩子，内心却觉得非常遥远，甚至触不可及。尤其是在孩子进入叛逆期之后，还有可能关闭心扉，拒绝和爸爸沟通。其实，爸爸这个角色在亲子关系的沟通中十分重要，他能给女孩以安全感，给男孩以勇气和力量。所以爸爸要想方设法与孩子进行沟通，这样才能拉近亲子关系。

遗憾的是，现实生活中，很多爸爸都是"钢铁直男"，他们在与妻子恋爱时不懂得说甜言蜜语，在与孩子进行沟通时更是以高高在上的姿态，对孩子颐指气使。对于这样的爸爸，孩子不仅是真的不想亲近，更是爱不起来。如此一来，亲子关系的好坏可想而知。要想改变现状，爸爸必须知道亲子沟通的意义，这样才能以正确的方式进行亲子沟通。

那么，亲子沟通的意义到底是什么呢？大多数爸爸受到惯性思维的影响，认为所谓亲子沟通就是向孩子灌输道理，就是向孩子下达命令，就是给予孩子更多的指导。他们哪里知道这样的沟通方式不仅会招致孩子反感，还会逼得孩子故意唱反调，甚至会激得孩子和自己对着干！从心理学的角度进行分析，亲子沟通的意义在于孩子的回应。也就是说，亲子沟通必须得到孩子积极的回应，才能算是成功的，也才能算达到了预期的效果。在亲子沟通中，如果爸爸说出的一句句话，让孩子听起来觉得就像是一记记重重的拳头接连不断地打在自己的心上，那么这样的沟通还不如没有。也许有的爸爸会说，沟通不都是为了解决问题吗？是的！但是要注意方式方法，注意态度语气，千万不能"急功近利"，爸爸不仅要淡然对待与孩子的沟通，也可以在与其他人交谈的时候摒弃功利心，这样才能起到更好的效果。

那么，孩子的回应又是什么呢？"嗯、啊、好的……"这些算是回应吗？这些精简得不能再精简的语言当然是回应，但却不是积极的有效回应。回应未必要以语言的方式表达出来，有些时候，孩子的神情体态就很好地说明了他们是否给出了积极的回应。例如，爸爸在说话的时候，孩子的两只眼睛熠熠闪光，看着爸爸，表现出浓厚的兴趣，这就是回应。再如，爸爸在说话的时候，孩子的身体前倾，对爸爸侧耳倾听，这也是回应。反之，如果孩子一边听着爸爸表达，一边做出想要离开的体态表达，例如身体或者脚尖向着门口的方向，或者脸上写满了不耐烦，那么就说明孩子对于爸爸的话已经厌烦，迫不及待地想要结束谈话。从这个意义上来说，爸爸在和孩子沟通的时候一定要密切关注孩子的反应，如果孩子听得兴致勃勃，那么就继续沟通；如果孩子听得兴致索然，则应停止。

有些爸爸会感到纳闷，因为不知道是哪些因素决定了孩子的倾听愿意。为此他们绞尽脑汁地想出各种有趣的话题，也采取形形色色的方式激发孩子谈话的兴趣，却唯独忘记了要以良好的态度与孩子沟通。其实，在亲子沟通中，爸爸的态度往往决定了孩子是否愿意沟通。很多爸爸都发现孩子向他们关闭了心扉，孩子既不愿意听他们苦口婆心的讲述，也不愿意敞开心扉对他们诉说心事。眼看着孩子与自己渐行渐远，爸爸感到非常苦恼。爸爸要知道，一切花哨的沟通技巧，都不如尊重和平等相待的态度。

面对孩子，爸爸千万不要摆出居高临下的姿态，也不要总是以批判的眼光对孩子百般挑剔，而是要以宽容的态度接纳孩子的一切言论和表现，以尊重的态度认可和欣赏孩子，以平等的态度和孩子展开真正的讨论。真正的讨论，不是爸爸的一言堂，而是孩子可以和爸爸一样高谈阔论，丝毫不必担心自己说错了。只有在充满爱与自由、尊重与赏识的氛围中，孩子才会真正对爸爸敞开心扉，也才会发自内心地愿意和爸爸进行深入的沟通和交流。

网络上有一篇文章，文章的作者是一位高三毕业生的爸爸。这位爸爸在文章里说道，他是从农村出来的，凭着自身的努力在事业上谋求了一席之地，曾经管理手底下几百名员工，所以在沟通方面应该是没有问题的，但不知道为何与孩子沟通时却频频碰壁，也导致亲子关系剑拔弩张。这位爸爸一定忽略了一点，那就是他与下属、上下级沟通所持有的态度，和与孩子沟通的时候所持有的态度是不同的。很多爸爸和外人沟通时都会想得周到全面，会考虑到自己说出的某句话会让对方有怎样的情绪反应，而在和孩子说话时却往往口无遮拦，甚至还会因为负面情绪而说出一些出格的话。正因如此，即便是在职场上可以很好地管理几百人的精英爸爸，也未必能与孩子进行有效的沟通。

爸爸在和孩子沟通的时候，要想有好的效果，其实应该怀有服务意识。看到这句话，很多爸爸都会感到好笑：我拼尽全力为孩子提供最好的一切，孩子吃我的喝我的用我的，我和孩子说话还要有服务意识？没错！服务意识就是要像对待重要的大客户一样，在和孩子说话之前想一想自己应该怎么说才能表达更加到位：既能表达清楚自己的意思，也照顾到了孩子的情绪和感受，从而达到预期的效果。在与孩子沟通之前，如果爸爸没有这样的思想意识，也没有斟酌自己的语言，那么亲子沟通的效果一定会大打折扣。

孩子尽管是因为父母才来到这个世界上的，但是他们既不是父母的附属品，也不是父母的私有物。爸爸一定要把孩子看作独立的生命个体，真正尊重和接纳孩子。从本质上而言，亲子沟通实际上就是爸爸向孩子销售自己关于教育的思想和理念，爸爸不仅要以服务客户的意识去服务孩子，也要在和孩子沟通的时候贯彻服务的理念。如果爸爸不能成功地销售自己的思想和理念，孩子又凭什么一定要对爸爸言听计从呢？具体来说，爸爸要想一想：我如何表达，孩子才更容易听懂？我如何表达，孩子才更愿意听？我可以更幽默一些吗？哪些时机才是适合进行亲子沟通的？我如何激励孩子展开实际行动去解决问题？爸爸在沟通之前能够做到苦思冥想，在沟通的时候才能打动孩子的心。

每一位爸爸都应该明白亲子沟通的重要意义，这样才能有效地与孩子进行沟通，成为孩子精神上的引领者、行动上的好榜样，也才能和孩子一起成长起来。

# 爸爸，请安静地听孩子说

　　傍晚放学后，乐乐打开家门，如同旋风一样飞速冲到客厅，一屁股坐在沙发上。他满脸通红，大声叫嚷："气死我了！气死我了！这个可恶的皮皮，我再也不拿他当好朋友了。"这个时候，正在厨房做饭的爸爸来到乐乐身边，问道："乐乐，发生了什么事？"

　　乐乐正怒气冲天呢，他激动地对爸爸说道："爸爸，皮皮背叛了我。我把我最重要的秘密告诉了他，他却告诉了所有人。今天我简直太丢人了，同学们都在嘲笑我，我恨不得杀了他。"

　　场景一：

　　听到乐乐说出这么过激的话，爸爸当即批评乐乐："乐乐，你怎么能这么说呢！皮皮是你最好的朋友，你要学会宽容和谅解。况且，就算皮皮真的做出了伤害你的事情，你也应该告诉老师，告诉父母，而不能产生杀人的念头啊！你必须反思自己的思想，以后可千万不要这么想了。"

　　爸爸话音刚落，乐乐就站起来回到自己的房间，重重地关上了门。

场景二：

听到乐乐说出这么过激的话，爸爸没有做出评论，而是对乐乐说："乐乐，我知道你一定很生气。你愿意把事情的经过讲给我听吗？我想，这能让你好过一些。"乐乐感受到了爸爸的理解，马上滔滔不绝地讲述起来。神奇的是，当他向爸爸讲述了事情的经过后，觉得自己似乎已经没有刚才那么生气了。这时，爸爸把自己像乐乐这么大时发生的一件糗事讲给乐乐听，逗得乐乐哈哈大笑。爸爸还感慨地说："很快，大家就会忘记这件事，但是若干年后你想起来，只会忍俊不禁。"听了爸爸的话，乐乐若有所思。

在"场景一"里，爸爸没有做到接纳乐乐的情绪，安静地倾听乐乐，反而对乐乐妄加评判，最终使得乐乐关闭了心扉，生气地回到自己的房间。在"场景二"中，爸爸的表现则可圈可点。他首先接纳了乐乐的情绪，与乐乐产生共情，由此打开了乐乐的话匣子。等到乐乐开始讲述时，他则一直在安静地倾听，直到乐乐讲完自己的糗事，爸爸才说起自己曾经的糗事。爸爸以这样的方式告诉乐乐：很多事情并没有想象的那么严重，说不定还会给我们带来快乐呢！由此一来，启发乐乐进行思考。相信乐乐在爸爸这样润物细无声的沟通方式之下，会意识到这件事情中包含的美好。

生活中，很多爸爸都和"场景一"里的爸爸一样，每当看到孩子勃然大怒的时候，他们就会要求孩子必须马上恢复冷静，而不要歇斯底里。殊不知，情绪的起伏是有过程的，从波峰到波谷要经历一段时间的修复。孩子不是机器，不可能没有情绪，而且他们的情绪也不可能当即受到爸爸或

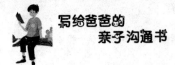

者自身的调控。所以此时爸爸要给孩子一段时间去恢复平静，自己则应安静地倾听，让孩子把事情的经过以及自己的所思所想都讲述出来，对于孩子而言这就是必需的心理调适过程。

要想做到安静地倾听孩子讲话，除了要和"场景二"中的爸爸学习接纳孩子的情绪，打开孩子的话匣子之外，在倾听孩子的过程中，爸爸也一定要做出回应。很多爸爸看似很安静专注，实际上他们并没有专注地倾听孩子。例如，有些爸爸一边听孩子讲述，一边做着手里的事情，等到孩子讲完了，他们也不知道孩子到底讲了些什么，这样当然无法给予孩子有效的回应。有些爸爸虽然没有做其他事情，却很厌烦听孩子细致地讲述，脸上流露出不耐烦的神情，这同样会打消孩子的谈兴，使孩子觉得兴致索然。

具体来说，在安静而专注地倾听孩子的过程中，爸爸要做到及时给予孩子回应。可以回应孩子简单的"嗯""啊""哎呀"等语气词，让孩子知道爸爸一直在认真倾听他们；也可以从神情态度中表现出自己的专注和用心，例如看着孩子的眼睛，时而面带微笑，时而紧锁眉头，这都可以根据孩子讲述的内容来决定。此外，在孩子讲到伤心事的时候，还可以拍一拍孩子的肩膀，以肢体语言给予孩子安慰和鼓励。只有如此，孩子才会更愿意继续讲述，也会在讲述客观事实的过程中袒露自己的心声。在此过程中，爸爸就能加深对孩子的了解，也能得到孩子的信任。

有一种情况要特别注意，那就是在生活中太多的爸爸遇到类似场景会更习惯于给孩子出主意。他们自认为吃过的盐比孩子吃过的米还多，所以总是以过来人自居，一旦发现孩子遇到困难，他们并不关心孩子真正的需求是什么，是需要他人的倾听，还是情绪的宣泄，或是想得到解决的办法。只有当孩子需要得到解决的办法时，爸爸才应该指导孩子如何去做。如果孩子只是想宣泄情绪，想有人倾听，那么爸爸需要给予孩子的，则只是倾听的耳朵和心灵而已。

　　在成长的过程中，每个孩子都会遇到各种各样的问题。他们常常为此而感到沮丧、失望，爸爸也要学会以倾听的方式体察孩子的情绪。孩子越是专注于倾诉，越是会在倾诉的时候表达自己的情绪，爸爸正好可以借此机会了解孩子的真实想法和情绪感受。由此可知，安静地倾听是多么重要啊！安静地倾听不仅是亲子沟通的第一步，还是亲子相处的情感桥梁和纽带，更是解决亲子问题的密钥。

# 爸爸要当好孩子的 "裁判官"

作为爸爸，要想与孩子顺畅沟通，在倾听孩子的时候要把握一个重要的原则：当好孩子的 "裁判官"。很多爸爸都会有先入为主的观念，觉得自己比孩子年长，拥有更多的知识和经验，所以每当面对孩子时，他们就会情不自禁地扮演起裁判官的角色，评判孩子的言语和行为。为了孩子的健康成长，"裁判官" 不能一味批评挑错，应当注意评判时机和方式方法。

在现实的生活中，每个孩子都拥有各种各样的烦恼。他们为此而产生各种情绪，如喜悦、高兴、快乐，再如失望、沮丧、绝望等。这些情绪有时也许只关乎他们自己，有时也许与他们身边的人有关系。每当孩子面对各种问题时，爸爸应该帮助孩子面对和解决问题，从而把孩子从负面情绪中拯救出来，使孩子身心健康，获得更多的力量，对自己充满信心。当孩子得到了爸爸的引导和帮助，他们就能尽快解决问题，否则他们就会产生更多的情绪问题，影响自身的成长。

爸爸应该知道何时需要安静地倾听孩子，给予孩子积极的回应，何时需要为孩子提供帮助，支持孩子面对和解决问题。很多时候，孩子之所以向爸爸倾诉，未必是因为他们想要得到切实有效的建议，反而可能只是想要表达，需要借助于表达的方式倾吐情绪而已。在这种情况下，爸爸只需要安静倾听，表示理解和尊重孩子即可。而有的时候，孩子迫不及待地想要解决问题，需要得到爸爸的建议，甚至需要爸爸指导他们解决问题，那么爸爸此时一定要做到该出手时就出手。不管处于哪种情况，爸爸都不能高高在上地批评和指责孩子。因为这样一来就会与孩子处于对立面，使孩子产生抗拒和抵触的心理。即使作为裁判官，爸爸也要尊重和平等对待孩子，以正确的方式为孩子指出错误，引导孩子积极改正错误。

没有人能够替代孩子去成长，即使是爸爸也不能。在面对生活中的诸多难题时，孩子只能依靠自己。因为面对难题而产生的各种负面情绪，同样是属于孩子的，而非属于父母。遗憾的是，很多父母都不明白这个道理，他们迫不及待地想要代替孩子去成长，想要挡在孩子前面去面对各种难题，想要为孩子的人生扫除所有障碍，铺平道路。然而，这么做只会导致亲子关系越来越糟糕。孩子因为没有亲身经历和体验而不理解父母，父母因为一味地代劳而阻碍和限制了孩子的能力发展，因此亲子关系也只能是越来越糟糕。

作为爸爸，当然要当好孩子的监护人，为孩子的成长保驾护航，但是就像一个领跑者不能代替跑步者一样，爸爸也不能代替孩子。为了防患于未然，避免孩子犯错误，爸爸就成了不折不扣的说教者，总想把自己的人生经验传授给孩子，希望孩子在各个方面都做得很好。为了避免孩子犯错误，他们还会设置奖惩措施，其中惩罚的措施尤其严厉，目的就是避免孩子被惩罚，强求孩子必须按照爸爸说的去做。这样的爸爸应该学会区分自然后果和人为后果。奖励和惩罚孩子就是人为后果，当爸爸为孩子准备了太多的人为后果时，这一个个人为后果就像是给孩子成长道路上人工挖掘的陷阱，只会让孩子更加叛逆，不愿意听从爸爸的教诲。既然如此，为何不把人为后果替换成自然后果呢？自然后果，顾名思义，就是事情自然发展产生的，其后没有人为外力的操纵，所以孩子在不得不承担事情自然发展后果的情况下，

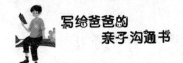

便没有可抱怨的。例如，天快要下雨了，爸爸让孩子带雨伞去学校，孩子坚持不带。爸爸说："你呀就是爱逞强，淋雨会感冒的。如果你不带雨伞，今天就没有零花钱。如果你淋雨感冒了，就是自作自受。"这就是人为后果，爸爸之所以这么说，目的是逼迫孩子听他的话，却没想到使孩子更叛逆。同样的情形，面对不愿意带雨伞去学校的孩子，爸爸什么也没有说，因为爸爸盼望着一旦下雨，可以把孩子淋成落汤鸡。就这样，放学之前果然下雨了，爸爸没有去接，而是留在家里熬煮驱寒的姜汤，等着孩子回家。很快，孩子浑身湿漉漉地回来了。这时，爸爸看到一切正如他所预判的那样，却没有幸灾乐祸，而是在孩子换衣服时，端了一碗热姜汤送到孩子的书桌上，淡淡地说："梅雨季节，雨水真多。"到第二天上学出门时，不用爸爸再叮嘱，孩子就主动拿了雨伞放在书包里。

对于同样的一件事情，爸爸是评判孩子，胁迫孩子，还是给孩子自主决定的权利，让孩子承担自然后果，其结果大不相同。前者不仅给孩子带来挫败感，也许还有可能损害孩子的自尊心，后者则让孩子亲身体会到不带伞的后果，积极主动地改变自己的行为。

允许孩子去寻找解决问题的方法，领悟每一件事情中所蕴含的深刻道理，这是当爸爸的智慧和高明表现。在这么做的过程中，爸爸不需要苦口婆心地唠叨孩子，不会引起孩子的反感和厌烦，就能达到影响孩子的目的，而这恰恰也是每一位爸爸想在教育孩子的过程中实现的目标。由此可见，爸爸作为孩子的协助者，要想提高效能，就要积极地倾听孩子，在倾听的过程中管好自己的嘴巴，不对孩子进行审判，不对孩子指手画脚，而是给孩子以引导和帮助。当爸爸真正成为孩子的协助者，而非孩子的审判官，亲子关系就会得以健康发展，亲子沟通也会更加顺畅和有效。

# 爸爸粗中有细，与孩子共情

从心理学的角度进行解释，所谓共情，指的是能够站在他人的立场和角度上，假设自己是他人，从而理解他人的情感，接纳他人的感受。在亲子关系中，爸爸与孩子之所以矛盾丛生，就是因为爸爸往往以成人的视角看待孩子，要求孩子，而丝毫没有照顾到孩子的情绪和感受。这会使亲子关系剑拔弩张，爸爸不满意孩子，孩子同样不满意爸爸。

人是情感动物，每个人都有各种各样的情绪和感受。因为立场和观念不同，即使对于同一件事情，人们的感受也是截然不同的。正因为如此，才需要共情，去理解他人，从而与他人产生情感的共鸣。爸爸作为男性往往性格粗犷，态度刚强，对于年幼的需要照顾的孩子，大多数爸爸的沟通方式都是刚强有余，细致不足。那么在认识到自己存在的不足之后，爸爸们就要有针对性地完善自己的表现，让自己可以更好地与孩子相处。要想从粗犷变得细致，爸爸要做的第一步就是共情。

很多爸爸也许已经忘记了自己在像孩子这么大的时候是怎么想的，又是如何做的。身为成年人的他们在面对自己的孩子时，更多的心态是为自己是真正的男子汉而感到自豪，并且迫不及待地想把孩子也培养成和自己一样的男子汉。然而，孩子的成长是一个漫长的过程，并不能因为大人们心急，孩子就能加快成长的速度。作为爸爸，必须放下急切的心，耐心地

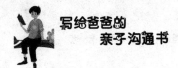

陪伴在孩子的身边，细致入微地观察孩子的情绪和感受。

　　最近这段时间，从四岁多就在自己的房间里独立入睡的乐乐，突然开始怕黑，一到了晚上就以需要爸爸的保护为由，让爸爸陪着他睡觉。偶尔爸爸出差不在家，他才让妈妈陪着他睡觉。对此，妈妈总是嘲笑乐乐："乐乐，你都多大了，都是男子汉了，还要爸爸陪着睡，害羞不害羞？"每当妈妈这么说的时候，乐乐就气急败坏。爸爸对此也感到疑惑，询问乐乐原因。乐乐说："白天我去上学，总有坏人跟着我，我怕他晚上会来到家里伤害我。"听到乐乐的话，看着乐乐恐惧的眼神，爸爸对乐乐说："我知道你的感受，我小时候有一段时间也曾经感到非常恐惧。放心吧，爸爸会保护你的。你能告诉我跟踪你的人是什么样子吗？"在爸爸的询问下，乐乐进行了详细的描述。尽管如此，爸爸还是有些疑惑未能解开，决定要弄个弄明白。

　　这天，乐乐和往常一样背起书包去学校，爸爸一路尾随乐乐。就在走到半路的时候，爸爸真的看到有个穿着黑色衣服、戴着鸭舌帽的男人跟在乐乐身后。一直到快到学校的时候，乐乐与同学会合，那个男人才离开。爸爸马上高度警惕，当即拿着偷拍的照片去了警察局报案。警察看到爸爸的照片，马上让技术科进行鉴别，却有了一个惊天的发现。原来，仅从背影来看，这个男人正是近几年来接连拐卖儿童的嫌疑人。警察马上布下天罗地网，在乐乐次日上学的路上，一举抓住了这个罪大恶极的人贩子。后来，爸爸把人贩子的照片和警察抓捕的照片都给乐乐看了。从此之后，乐乐再也不害怕了。乐乐感激地对爸爸说："爸爸，谢谢你相信我。"

在这个事例中，妈妈的嘲笑显然伤害了乐乐的自尊心，使乐乐不愿意向妈妈解释他感到恐惧的原因。而爸爸对此的态度和妈妈截然不同，他相信乐乐不会无中生有，因而接纳乐乐的情绪和感受，并且耐心地询问乐乐更多的细节。正是在爸爸的努力之下，乐乐的安全才得到保障，人贩子才会被缉拿归案。

作为爸爸，对待孩子一定要细致耐心。空穴来风的事情鲜少发生，对于孩子而言，他们也不会凭空捏造。当孩子表现出异常的言谈举止时，爸爸一方面要与孩子及时沟通，引导孩子把事情说得更加细致和全面，另一方面也要引起足够重视，并且想方设法查明真相，这样才是对孩子负责的表现。

很多时候，孩子需要的不是解决问题的方法，也不是苛刻的批判，他们只是想要得到一个友善的听众，带着同理心与他们产生共情，鼓励他们安心地倾诉。很多爸爸不知道如何与孩子共情，他们习惯于把自己的主观感受强加给孩子，而忽略了孩子的真实感受。其实，要想达到共情的沟通效果，也是有技巧的。例如，不要一上来就试图解决问题，而是要更关注和接纳孩子的感受。当孩子说自己很讨厌某个老师的时候，如果爸爸第一时间就批判孩子不该讨厌老师，那么就会错失得知孩子为何讨厌老师的机会。如果不知道如何更好地对孩子的情绪表示接纳，那么只需要简单重复孩子的话就行。爸爸可以说："英语老师很讨厌啊！"这样，孩子就会继续表达，爸爸也就可以知道孩子深层次的心理原因和更加细致的情绪感受。

有些爸爸在尝试这样的沟通方式之后会感到很郁闷，因为他们发现，进行这样的沟通后并没有立竿见影地解决任何问题。没错，共情式的沟通

不是为了能迅速解决问题，而只是为了在孩子的内心引发连锁反应，使孩子可以在坚持思考之后找到解决问题的方法。很多心理学家在帮助孩子开展心理咨询的时候，对于问题的处理办法总是会先列一张清单，但是等到孩子再来咨询的时候，他们却高兴地告诉心理学家他们已经独立解决了问题，这就是共情的妙处。

# 爸爸耐心听，孩子再开口说

很多爸爸都抱怨孩子不愿意和他们沟通。其实，不是孩子没有尝试过和爸爸沟通，只是在刚刚和爸爸沟通时，孩子发现爸爸既不善于倾听，又对自己妄下评判，所以就关闭了心扉，不愿意再与爸爸沟通了。由此可见，倾听才是沟通的第一步。爸爸只有倾听孩子，才能赢得孩子的信任，打开孩子的心扉。反之，如果爸爸不善于倾听，那么孩子一旦关闭心扉，就很难再对爸爸坦诚相见。

爸爸必须牢牢记住亲子沟通的原则——耐心听孩子怎么说。这个原则告诉我们，每一位爸爸只有在倾听孩子的前提下，才能把话说好，把话说对。从现在开始，爸爸们再也不要急不可耐地给孩子意见，或者对孩子加以评判了。有人说，上帝之所以给了人两只耳朵，却只给人一张嘴巴，正是为了让人更用心地倾听，而不是只知道聒噪地表达。

还有些爸爸虽然在重要的时刻能够做到积极倾听，但是在日常的沟通中，他们却忽略了孩子释放出来的信息，忽视了孩子的各种负面情绪，因而不能做到及时倾听。有些时候，面对孩子表达的感受，他们还会采取否定的态度。接下来，就让我们看看乐乐的爸爸是怎么做的吧！

　　周六傍晚，乐乐气鼓鼓地回到家里。看到乐乐满脸怒容，爸爸关

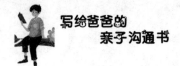
切地问乐乐："乐乐，怎么不开心呢？"乐乐蔫头耷脑地回答："我和夏雨吵架了……"爸爸当即劈头盖脸地数落乐乐："乐乐，你就是小肚鸡肠，斤斤计较，和谁都处不好。夏雨那么懂礼貌，学习又好，你和他吵架，肯定都是你的错。"

随着爸爸的嗓门越来越高，乐乐低下了头，眼泪在眼眶里打转。妈妈听到爸爸高分贝的声音，还以为爸爸和乐乐吵架了，赶紧询问原因。这才知道乐乐和夏雨吵架了。这时，乐乐已经回到了自己的房间默默地写作业。妈妈坐到乐乐身边，柔声问道："乐乐，你和夏雨之间发生了什么事情，为什么会吵架呢？"乐乐委屈得眼泪直掉，在妈妈的安抚下，他才说出事情的原委。原来，这件事情并不怪乐乐，是夏雨做错了。妈妈摩挲着乐乐的头，说："乐乐，没关系，每个人都会犯错误。妈妈相信你是宽容的，能够原谅夏雨。不过，你需要时间，等你觉得又想和夏雨当好朋友了，再和夏雨和好，好吗？"乐乐含着眼泪笑了，说："妈妈，其实事情也没那么严重，我只是不知道爸爸为何总是批评我。"站在门外的爸爸听到了妈妈和乐乐的对话，感到很羞愧，也知道是自己误解了乐乐，赶紧向乐乐道歉。后来，爸爸渐渐学会了倾听，再也不会不分青红皂白就批评乐乐了。

爸爸不懂得倾听，带着先入为主的态度打断了乐乐的倾诉，这使得乐乐不愿意和爸爸沟通。与爸爸恰恰相反，妈妈听到乐乐亲口诉说事情原委，也真正地尊重乐乐。因此，妈妈才能打开乐乐的心扉，从乐乐口中了解真相，因而能够把话说到乐乐的心里去。这就是倾听的魅力。

作为爸爸，任何时候都要尊重孩子的感受。对于孩子而言，感受是最真实的，如果爸爸不分青红皂白就否定了孩子的感受，孩子向爸爸表达自己的感受还有什么意义呢？明智的爸爸不会不等孩子说完，就否定孩子，而是会在孩子积极地表达之后，给予孩子更多的理解和接纳。这样才能赢得孩子的信任，打开孩子的话匣子，使孩子更愿意倾诉。

很多爸爸常常很自负，觉得自己作为男子汉既不怕疼又很胆大，就觉得其他人也理应如此，无形中就会忘记孩子只是孩子，怕疼、胆小，对于孩子而言都是正常的，当孩子有这些表现时，不该被批评和全盘否定。当爸爸坚持积极倾听孩子，渐渐地就会有一个有趣的发现，即那些因为受伤或者承受剧烈疼痛而号啕大哭的孩子，一旦得到爸爸的理解，一旦知道爸爸对他们感同身受，他们马上就会停止哭泣。事实上，孩子最需要的是父母了解他们的感受，接纳他们的情绪。这对于孩子而言是最大的安慰。每当孩子身处困境时，爸爸的倾听就将会发挥出最为神奇的作用。

作为爸爸，再也不要抱怨孩子不愿意和自己谈论那些重要的话题了。相反，爸爸应该反思自己是否在不经意间，终止了孩子对重要话题的讨论。例如，在餐桌上，在一起散步的时候，在一起看电视的时候，孩子很有可能说起过一些重要的话题，却只换来了爸爸的批评、否定、警告、训诫、评价，甚至是讽刺。

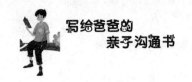

# 爸爸，孩子渴望对你倾诉

　　很多爸爸都抱怨孩子从来不懂得爸爸的爱有多深，实际上，爸爸同样也不知道孩子对倾诉的渴望有多么热切。在日常生活中，孩子每天都过着有规律的生活，吃饭、睡觉、读书、学习、与人交往等。正是因为一切如常，所以爸爸误以为孩子是不需要倾诉的。然而，孩子的心中却不这么想。在看似波澜不惊的生活中，孩子有太多事情都需要倾诉。但因为爸爸从未意识到这一点，所以孩子会把很多情绪压抑在心中。当情绪持续地积累，达到一定程度后，孩子内心的情感需求得不到满足，也许就会突然爆发出来。也有些孩子并未表现得如此激烈，而是始终郁郁寡欢。

　　孩子为何会渴望对爸爸倾诉呢？有些爸爸对此感到疑惑：孩子性格乐观开朗，善于交际，每天都和同龄人在一起玩，为何不能对他人倾诉呢？这是因为对于有些问题，孩子只能告诉爸爸。如果他们没有机会向爸爸倾诉，爸爸也就失去了教育孩子的最佳契机。例如孩子虽然平日里和老师的关系也很好，但是一天却被老师严厉地批评了，在这种情况下，和同学倾诉也许会引来嘲笑，那么孩子只能信赖爸爸和妈妈。在校园生活里，如果孩子受到其他挫折，例如因为和同学闹别扭而被老师批评，那么孩子也只能向爸爸妈妈倾诉。因为在孩子的心目中，爸爸妈妈是他们最信任的人，所以孩子才会需要向爸爸妈妈倾诉。如果有些妈妈比较唠叨，那么孩子就会更喜欢对爸爸倾诉。

马上就要进行期末考试了，妈妈允诺乐乐只要期末考试的成绩好，就带着乐乐出去游玩七天。乐乐因为一直紧张地学习，早就想出去玩了，所以他拼尽全力复习，想在考试中获得好成绩。终于到了考试的日子，乐乐也许是因为过度紧张，竟然把数学试卷的最后那道大题做错了，这就意味着乐乐只能考取八十多分。乐乐沮丧极了，就像霜打了的茄子一样回到家里。

看到乐乐的表情，爸爸想到乐乐也许考试失利了。他没有直接询问乐乐考试的情况，而是问乐乐想去哪里玩。乐乐伤心地说："我可能不能出去玩了，因为考得不太好。"爸爸问乐乐："哦？你为什么感觉不好呢？"乐乐把自己考试中错的那些题目告诉了爸爸。爸爸说："其实，考试中出错不是坏事，这样可以检验平日学习的效果，也可以知道哪些地方已经过关，哪些地方还需要加强。爸爸知道，你这次复习非常努力，你是想要考好的。"爸爸话音刚落，乐乐就哭起来，说："我想考好，还想出去玩，但是现在都泡汤了。我也不知道是怎么回事，那道题目我明明会做的……"乐乐尽情地向爸爸倾诉，爸爸一直在默默地陪伴乐乐。和爸爸哭诉之后，乐乐的情绪明显好转了。后来，爸爸想办法说服了妈妈，妈妈终于同意按照原计划带着乐乐出去旅游了。乐乐开心极了。

很多爸爸对于孩子的学习都给予了很大的期望，一旦得知孩子的学习成绩不好，他们马上就会脾气爆发，怒气冲天。实际上，孩子比父母更想考出好成绩，所以当孩子已经意识到自己在考试过程中发挥不好，不能取

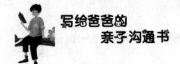

得好成绩时，爸爸与其批评孩子，使孩子更加沮丧，还不如理解孩子、鼓励孩子、支持孩子。这样孩子才能振奋精神，也愿意把不能向别人诉说的话一股脑儿地告诉爸爸。在倾诉的过程中，孩子的负面情绪得以纾解，内心也会更加平静。

那么，为何很多爸爸都不能做到倾听孩子呢？除了有些爸爸是因为不懂得倾听的意义，也不能坚持以正确的沟通方式打开孩子的心扉之外，还有些爸爸是发自内心地不想倾听孩子。他们知道孩子有着无穷无尽的问题，他们担心自己一旦表现出良好的倾听姿态，孩子只要有了问题就会向他们倾诉。不得不说，这样的爸爸是掩耳盗铃。与其花费很多的时间用于看手机上无聊的短视频，观看质量并不高的电视节目，或者是与他人闲聊，不如把时间用于倾听孩子。人们常说一分耕耘一分收获，养育孩子同样如此。用心陪伴孩子的爸爸能够得到孩子的信任，孩子不管有什么难题第一时间都会求助于爸爸。疏于陪伴孩子的爸爸，哪怕想要倾听孩子，孩子也不愿意敞开心扉。

在现实生活中，爸爸还要注意自己的言谈举止，切勿因为无意间说出来的话伤了孩子的心。暑假到来时，很多爸爸都希望孩子能背起行囊去亲戚家里或者是长辈家里生活一段时间，这样爸爸就可以好好清静清静了。太多的父母都要求孩子少一些麻烦和问题，多一些平和与快乐。避重就轻，趋利避害，这是人之常情，毕竟成年人也的确有很多事情需要去操劳和处理。但是教养孩子是爸爸不可推卸的责任，既然生养了孩子，就要承担起照顾和教育孩子的重任。

作为爸爸，当发现自己不愿意倾听孩子的时候，就要积极改善自己的心态。例如，要调整好态度对待孩子，不要只想到孩子给自己带来的麻烦，而是要想到孩子给自己带来的快乐。要学会和孩子一起成长，从孩子的提问中找到有意思的问题，带着孩子寻找答案，在给孩子答疑解惑的同时，也让自己学习更多的知识。总而言之，当好父母是每一位家长毕生最伟大的事业，是需要投入大量的时间、精力和心力才能做好的。每一位爸爸都要准确地给自己定位，看到和满足孩子被倾听的需求，这样才能当好爸爸。

# 倾听，可以治愈孩子的心灵

很多爸爸都认为倾听很难，他们总是管不住自己的嘴巴，要对孩子口不择言地加以评判，这样往往会在不知不觉间让孩子关闭了心扉；他们每天忙忙碌碌甚至不知道自己在做什么，更没有时间倾听孩子；他们不会接纳孩子的情绪，不能与孩子产生共情，从而让孩子对他们大感失望。即便如此，爸爸也要学会坚持倾听，因为倾听可以治愈孩子的心灵。

其实，倾听并不是一件复杂的事情，尤其对于爸爸和孩子而言。在倾听的过程中，爸爸必须坚持倾听的原则，这样才能真正做到坚持倾听。很多情况下，孩子需要的只是有人能倾听，而非解决问题的方法。当爸爸达到倾听的至高境界，不管孩子说什么，哪怕孩子爆粗口，说出混账话，爸爸也能做到用心倾听，耐心地等待孩子说完想说的话，表达清楚内心的所思所想和所感。做到这一点之后，爸爸就不会再把自己的意见放在孩子的表达之前，而是会以孩子的表达为优先。如果爸爸在倾听的过程中心有所感，那么等到孩子倾诉之后有的是时间可以表达。

要想以倾听治愈孩子的心灵，爸爸在倾听的时候就要做到以下几点。

第一，要保持微笑。不管爸爸与孩子之间发生了什么事情，也不管孩子正在倾诉的事情有多么搞笑或者多么苦闷，爸爸都切勿嘲笑、挖苦和讽刺孩子，而是要始终保持微笑，对孩子怀有尊重的态度。这个时候，爸爸还要注意，不应该流露出关于是非好坏的评判信息，爸爸所需要做的就是用心倾听。

第二，放下手中一切的事情，专注地倾听。很多爸爸为了节省时间，会一边做手头上的事情，一边倾听孩子。这是不重视孩子的表现，有些孩子自尊心非常强，面对爸爸这样的做法时会觉得自己被藐视。在这种情况下，爸爸哪怕坚持倾听，也无法起到预期的效果。正确的做法是，不管倾听一分钟还是一个小时，爸爸都要保持专注，不仅要停下手里的工作，也要停止不合时宜的表达，这才是明智的做法。

第三，以十足的耐心坚持倾听。如果孩子倾诉的时间很长，随着时间的流逝，爸爸难免会感到着急，想要结束沟通，因而脸上会情不自禁地流露出厌烦的神情。对于孩子而言，这当然是极其糟糕的体验，孩子不希望自己的倾诉是不受欢迎的。既然已经决定了倾听孩子，那么爸爸就要把倾诉时间长短的决定权交给孩子，爸爸所要做的就是耐心倾听，坚持到底。

第四，与孩子产生共情。正如前文所说的，孩子之所以倾诉未必是为了得到切实可行的建议，有可能只是为了表达自己的内心，释放自己的情绪。在这种情况下，爸爸只要接纳孩子的情绪，认可孩子的感受，孩子就会得到极大的安抚，也就会让原本紧张焦虑甚至恐惧的情绪得到恢复。

第五，及时给予孩子回应。倾听是沟通的开始，既然是沟通，就要有回应。在倾听过程中，爸爸可以看准时机说出一些简单的语气词，表达自己的赞叹、认可、惊讶等态度，如"嗯""啊""哎呀"等。与此同时，还可以配上适宜的表情，如喜笑颜开、愁眉紧锁、满脸担忧等。除了以语气词和表情作为回应之外，还可以采取肢体动作表达自己的态度。例如，拍一拍孩子的肩膀，表示对孩子的支持；把孩子揽在自己的怀里，表达对

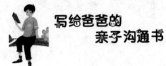
孩子的关切等。当爸爸适时地做出这些回应，孩子就会得到莫大的鼓励，从而能更加兴致盎然地倾诉下去。

第六，允许孩子坚持自己的观点。当孩子倾诉结束后，爸爸不要急于纠正孩子的观点。大多数爸爸都以为自己的观点正确，一旦听到孩子的观点和自己的观点不同，他们就会迫不及待地纠正孩子的观点。这样急迫地想要改变孩子，往往会使得前面的倾听效果大打折扣。

在这个世界上，每个人都是独立的生命个体，每个人都有权利拥有自己的观点，表达自己的情绪。爸爸也没有权力强求孩子必须接纳自己的意见和态度，更没有权力强求孩子必须绝对服从。只有建立在尊重和平等的基础上，以倾听为开始的亲子沟通才能顺利展开，圆满结束。

综上所述，一切的沟通都要建立在倾听的基础上，亲子沟通更是如此。在教育孩子的过程中，爸爸离不开倾听孩子，倾听是亲子教育的必需品，而不是奢侈品。当然，爸爸除了要倾听孩子之外，接下来还要与孩子进行深入沟通，从而最终帮助孩子解决问题。人们常说，幸福的童年治愈一生，不幸的童年则要用一生去治愈。拥有善于倾听、善于沟通的爸爸，是孩子的幸运和福气。

# 爸爸要知道孩子为何不愿倾诉

　　人是非常奇怪的，很容易情绪冲动，却又会在宣泄出所有的情绪后回归到理性的层面，做出理智的思考和判断。从这个意义上进行分析，在孩子情绪冲动的时候，与其劝说孩子理智地面对问题，理性地解决问题，还不如给孩子倾听的耳朵，让孩子尽情地倾诉，然后等待孩子主动回归理性。对于倾听有了更加深入的了解后，很多爸爸的确愿意倾听孩子，也愿意花费更多的时间坚持倾听。但是让爸爸苦恼的问题又出现了，那就是孩子不愿倾诉。在孩子不愿倾诉的情况下，父母也就没有倾听孩子的机会。

　　细心的父母会发现，在孩子小时候是很愿意事无巨细向父母倾诉的，例如幼儿园的孩子和小学低年级阶段的孩子，只要放学看到爸爸妈妈，就会说个不停。有些父母甚至为此而感到厌烦，甚至抱怨孩子是个小话痨。但是随着孩子不断成长，尤其是在进入青春期之后，父母固然很愿意倾听孩子，了解孩子的所思所想，孩子却完全变了。他们变得深沉，有事情了就喜欢藏在心里，而不愿意再敞开心扉和父母交流。在这个阶段，父母看着这样沉默的孩子总是会感到忧心忡忡，他们对孩子既熟悉又陌生，既亲近又疏远。其实，爸爸在这个时期可以发挥很好的作用。这是因为青春期是孩子从少年向成年的过渡阶段，他们会觉得自己长大了，不愿意再表现出弱势的一面。对于妈妈爱的唠叨和叮咛，很多孩子都会感到厌烦。爸爸

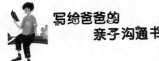

恰恰可以发挥男性成熟、稳重和理性的特点，以成年人的姿态平等对待孩子，和孩子展开交谈，反而能够赢得孩子的好感和信任。

归根结底，要想让孩子乐于倾诉，爸爸要弄清楚孩子不愿意倾诉的原因，这样才能有的放矢地采取一些办法，让孩子变得健谈，也愿意和爸爸交谈。

首先，面对孩子，爸爸切勿怀着以最快的速度解决问题的态度来直接给出方法，而是要确定孩子究竟是想得到爸爸的理解和共情，还是想解决问题。如果是前者，爸爸一定要认真倾听，细致入微地观察孩子，同时也要专注耐心地对待孩子。孩子是非常敏感的，他们总能感觉到爸爸是在认真地对待自己，还是在潦草地敷衍自己。当发现爸爸对自己完全没有耐心的时候，他们很有可能会主动结束交谈，并且在很长一段时间之内都不再试图向爸爸倾诉。

其次，有些孩子天生性格内向，还有些自卑。对于这样的孩子，爸爸要更加小心翼翼。这些内向的孩子喜欢察言观色，与外向的孩子性格开朗、大大咧咧不同，内向的孩子甚至比成人更加敏感心细。因而对于他们的倾诉，爸爸要调整好自己的表情，给予孩子适时的鼓励，而不要流露出不该有的表情，使孩子受到打击和伤害。一旦爸爸以专注倾听的姿态赢得孩子的信任，以理解和共情打开孩子的心扉，内向的孩子就会非常愿意和爸爸沟通。

再其次，要保证给予孩子积极的回应。有些孩子对于爸爸的回应不满意，所以不愿意向爸爸倾诉。有些孩子感受到爸爸并非真的尊重自己，而只是在给自己下达命令，或者强求自己改变，他们就会刻意地疏远爸爸。

最后，要平等地对待孩子。爸爸只要认真回想自己与孩子沟通的情形，就会发现自己并不曾真正做到平等地对待孩子。例如对于一件事情，如果是朋友持有某种观点，爸爸并不会当即否定，也不会立刻批评对方。如果是孩子持有同样的观点，爸爸很有可能马上火冒三丈，不但会劈头盖脸地数落孩子，还会强求孩子必须改正错误的观点。正因为如此，爸爸在扮演朋友和爸爸这两个不同的角色时，才会得到不同的对待。爸爸平等对待朋友，朋友也真诚地与爸爸沟通；爸爸打压孩子，孩子就会以闭口不言的方式疏远爸爸。

要想避免这种情况发生，爸爸一定要摆脱强势家长的思想，要以民主、开明的态度对待孩子。尤其是在家庭生活中，很多事务都与孩子有关系，爸爸既然邀请了孩子参与发表意见，就要接纳孩子的意见，尊重孩子的意见，这样才能更好地与孩子沟通和交流。

当爸爸坚持做到上述几点，相信孩子是愿意对爸爸敞开心扉，也愿意向爸爸尽情倾诉的。亲子之间良好的沟通，对于爸爸和孩子而言都是心灵的治愈。谁说只有爸爸在影响孩子，孩子也正在以他的纯真美好影响着爸爸呢！

# 第二章

## 坚持正向表达，爸爸要做和善坚定的教养者

很多爸爸都想让孩子变得听话，他们常常把不听话归咎于孩子，而忽略了作为爸爸必须坚持正向表达，坚持以正确的方式倾听孩子，与孩子进行沟通，才能让孩子真正心服口服，愿意采纳爸爸的意见。

# 告诉孩子怎么做，而非指责

晚上，乐乐已经上床要睡觉了，爸爸才下班回家。走到家门口，爸爸脱下皮鞋准备放在门外的鞋架上，发现乐乐的两双鞋占据了鞋架的上层位置。他上了一天班原本就身心疲惫，见到这就更是火冒三丈，打开门冲着乐乐的房间喊道："乐乐，你给我出来！"听到爸爸的语气非常严厉，乐乐非常抵触，依然躺在床上，问道："你要干什么？我为什么要出去？"看到乐乐没有第一时间起床过来，爸爸更生气了，索性赤脚走进房间，揪起躺在床上的乐乐，不由分说地把乐乐拖拽到门口，指着鞋架说："看看吧，怎么回事？"对于爸爸的质问，乐乐真是丈二和尚摸不着头脑，感到莫名其妙。

爸爸看着乐乐一头雾水的样子，更是气不打一处来，索性拿起乐乐放置在最上层鞋架的一双鞋子扔了出去，说："你为什么把两双鞋子都放在最上层？你方便了，别人呢？"看到爸爸把自己的鞋子扔掉了，乐乐也当即发起火来，冲着爸爸大喊大叫。这个时候，妈妈刚刚洗完澡正在擦拭自己身上的水呢，听到乐乐带着哭腔的声音，赶紧裹上浴巾冲出来查看情况。弄清楚事情的原委后，妈妈作为"裁判官"说："爸爸说话的方式很有问题，不应该马上就质疑和指责，而是应该先告诉乐乐如何做；乐乐呢，如果能主动想到只放一双明天要穿的鞋在最上层，而把其他鞋子放在下层，那就更好了。这次已经明确了问题所在，乐乐你下次能做好吗？"乐乐当即点点头，眼睛里含着泪水回到房间，整个晚上都没有和爸爸说话。

在这个事例中，父子之间原本是不会发生矛盾和冲突的，但因为爸爸的表达方式不正确，导致父子俩之间矛盾升级。幸好妈妈及时出来充当了"救火员"，否则亲子关系可能更加紧张。而矛盾之所以产生，与爸爸指责的方式密切相关。在此之前，从未有人告诉乐乐不能把自己的两双鞋子都放到鞋架最上层，而是要把上层拿取方便的位置留下一点儿空间给他人放一双鞋子。可能是因为男孩比较粗心大意，所以乐乐没有主动想到这一点。也可能是此前都很巧合，从未发生过这样的情况，所以这个问题从未在这个家庭里得到过讨论。而爸爸呢？因为辛苦工作了一整天，就不禁把怒气发泄到乐乐身上，指责乐乐。乐乐浑然不知，自然也就无法当即改正自己的做法。就这样，父子俩在情况未明的情况下争吵起来。

那么，面对这样的情况，爸爸应该怎么表达呢？爸爸可以告诉乐乐："乐乐，鞋架最上层拿取方便，所以每个人只能把次日要穿的一双鞋子放在最上层，从而留出一点儿空间给其他人以方便。你可以看看妈妈的做法，妈妈不需要上班，所以妈妈都把自己的鞋子放在下层，而把我和你的鞋子放在上层，这样我们早晨拿取鞋子就很方便。我相信你一定能做到的，对吧？"如果爸爸这样表达，向乐乐指出不正确的做法，也告诉乐乐正确的做法，相信乐乐不仅不会发火，还可能会因为自己的疏忽而感到抱歉，并且在下一次放置鞋子的时候特意给爸爸在上层鞋架留出位置呢！当爸爸这样表达的时候，他就不会与乐乐产生误解，也就不会在误解中发生矛盾，最终导致剑拔弩张的局面。

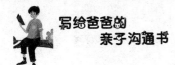

人都是喜欢得到赞美和赏识的，也都是不愿意被指责和批评的，尤其不愿意无缘无故地被批评。在不知道自己哪里做得不好之前，乐乐就被爸爸批评了一顿，当然也感到十分气恼。如果爸爸能够先阐述清楚事情的原委，看看乐乐的态度反应之后，再决定以怎样的措辞继续与乐乐沟通，那就更好了。其实，大多数孩子对于爸爸的正向表达都会报以积极的态度，而不会故意与爸爸针锋相对，更不会故意与爸爸对着干。对于同样的事情，当我们以不同的方式去表达自己的内心，也以不同的态度去与他人沟通时，所取得的效果往往是不同的。由此可见，作为亲子关系的主导者，爸爸理应肩负起正向沟通的重任，引导孩子也采取正向沟通的方式，从而让整个家庭的氛围变得更加和谐美好。

# 为孩子指出错误，而非道德评判

　　自从上次因为鞋子的摆放问题发生冲突之后，爸爸在妈妈的引导下进行了深刻的自我反省，他意识到自己不应该毫无缘由地指责乐乐，因而有意识地避免再犯同样的错误。最近这段时间，爸爸很努力地改变自己表达的方式，常常告诉乐乐应该怎么做，渐渐地，他与乐乐之间的关系也缓和了。

　　周末，妈妈留在家里大扫除，爸爸和乐乐自告奋勇要去超市进行大采购。乐乐拿着妈妈列好的购物清单，爸爸带着乐乐去了超市。也许是因为周末，超市里人很多。因为通常都是妈妈亲自来超市采购，所以爸爸和乐乐对于超市里的商品摆放位置并不熟悉。他们在超市里转悠了一个多小时，才把清单上的所有商品都放入了购物车。接下来他们推着满满的购物车来到收银处，发现每个收银台前都排起了长长的队伍。爸爸忍不住皱起眉头，说："这么多人。"这时，乐乐眼疾手快，他看到前面有个人推着购物车离开了队伍，因而队伍有了一处空缺。他当即推着购物车去填补那个空缺。原本，乐乐还暗自高兴，以为爸爸会表扬他很善于见缝插针呢，却没想到爸爸跟上来之后说："插队是不好的行为，我们还是到后面排队去吧。"说完，爸爸就推着购物车回到了队尾，重新开始排队。乐乐羞得面红耳赤，又听到后面的人窃窃私语，无奈之下，他只好跟在爸爸身后。爸爸也没有

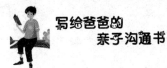
再批评乐乐，而是像什么事情都没有发生一样和乐乐一起排队，一起结算。自此以后，乐乐再也没有插队了。

爸爸只说了一句非常简单的话——插队是不好的行为。爸爸用了"不好"这个词语，甚至没有用"错误"这个词语。不得不说，爸爸考虑到了乐乐的感受，也不想因此让乐乐丢面子。他以平静的语气为乐乐指出错误，因为他相信乐乐不是故意插队，而是因为不知道这样的行为是错误的。正因为如此，乐乐在思考之后才会来到队伍末尾，和爸爸一起排队结账。

生活中也不乏这样的爸爸，看到孩子插队，很有可能会立即指责和批评孩子："你这个孩子怎么插队呢？难道老师没有教过你们要遵守公共秩序，不能插队吗？你着急，其他人也很着急啊，你这样插到其他人的前面，其他人会怎么想呢？还不赶紧去队尾处重新排队，都怪你，要不是你擅自推着购物车跑开，我们也不至于白白排队好几分钟，现在还要重新排队。"从表面上看，这位爸爸说了很多，有可能会使孩子意识到自己的错误，但是细想一下，孩子被爸爸这样当众批评之后，是否还能心甘情愿地听从爸爸的话，重新去队伍末尾处排队呢？又或者孩子是否会觉得自己丢了面子，从而丢下购物车和爸爸，赌气独自回家呢？因而爸爸在教育孩子的时候，话不在多而在于精，言辞不在犀利而在于起到预期的效果。爸爸只要认真想一想就会明确一点，批评孩子，不是为了伤害孩子的自尊心，也不是为了彰显出自己的家长威严，而是为了让孩子能够意识到错误并且主动改变错误的行为。既然简简单单的一句话就能为孩子指出错误，让孩子在思考之后积极地改正，我们为何要喋喋不休地说出一箩筐的话呢？这样非但不能做到心平气和，还会激起孩子的逆反心理，使孩子明知故犯，甚至可能让孩子出现明知自己错了也不愿意改正的局面。

爸爸对孩子过度指责，只会导致爸爸不想看到的后果。比如有些孩子为了和爸爸唱反调，故意不改变自己的错误行为；有些孩子因为爸爸的指责深受打击，觉得自己非常愚蠢，做什么都做不好，因而蔫头耷脑，失去了做一切事情的兴致；有些孩子认为爸爸忽略了自己的需求，因而感到万分沮丧；有些孩子在被爸爸批评之后感到非常内疚，不知道自己如何做才能弥补错误；有些孩子的自尊心因此而受到打击，他们不再维护自己的自尊；有些孩子竭尽全力为自己辩护，甚至在爸爸不接受他们的辩护之后，以过激的行为和举动报复父母，例如故意捣乱；等等。而当爸爸意识到严厉批评在孩子身上产生的负作用之后却感到非常震惊，因为这并非他们的本意，他们只是希望孩子能完善自己的行为。

因此，爸爸需要注意的是，不要把对孩子的批评上升到道德评判的高度。有些孩子完全是因为无心才做出错误的举动，他们只需要有人为他们指出错误而已；有些孩子并没有意识到自己的行为会给他人带来麻烦，所以爸爸只要告诉他们某种做法的后果就好。相反，如果上述提醒一旦上升到道德评判的高度，爸爸就相当于是在告诉孩子"你道德败坏""品质恶劣""你是个不折不扣的坏孩子"，在这些标签里，道德评判的标签将会对孩子起到很大的负面影响，使孩子对自身有了错误的评价，甚至认定自己就是坏孩子，从而破罐子破摔。因此，爸爸要坚定不移地相信孩子的本质是好的，哪怕是调皮捣蛋的孩子也并非品质恶劣。因而爸爸要始终坚持为孩子指出错误，必要的时候要告诉孩子正确的做法，不要轻易给孩子贴上道德标签。

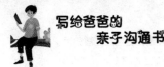

　　每一个爸爸都有自己的一套与孩子相处的方式，根据爸爸自身情况的不同，每个孩子的成长表现也不相同，爸爸可以选择最合适的方式对待孩子，只要这个方式让爸爸和孩子都感到舒适就好。亲子相处需要不停地磨合，虽然爸爸与孩子之间有着血缘关系，但是爸爸与孩子的相处同样需要磨合。在孩子的成长阶段，爸爸是亲子关系的主导者，就更应该肩负起这个艰巨的重任，以温和的语言和良好的态度，有效地引导孩子做出良好的行为。

# 正向引导孩子，而非质问

一天，乐乐在和好朋友皮皮玩的时候，因为抢夺一个玩具，居然反目成仇了。看到乐乐丝毫也不谦让皮皮，爸爸当即质问乐乐："乐乐，我是怎么告诉你的？你应该怎么和朋友相处？"乐乐当然知道爸爸是怎么告诉他的，但是现在他并不想听爸爸的话。他当即冲着爸爸喊道："凭什么我要让着他，他却不让着我呢？"爸爸被乐乐反驳，一时之间不知道该如何回答。片刻之后，爸爸才说："乐乐，你应该和皮皮分享。你忘记了吗，皮皮曾经把他最心爱的玩具火车都送给你了。"爸爸的话提醒了乐乐，乐乐这才意识到爸爸是让他分享，而不是让他谦让。他受到了启发，当即建议皮皮："皮皮，我们一起玩吧，就算你把玩具抢去了，自己玩也没意思。"皮皮觉得乐乐说得很有道理，也改变了想法，不再一味地和乐乐抢夺玩具，而是和乐乐共同制定规则，开始一起玩玩具。

在这个事例中，爸爸的质问激起了乐乐的当场反驳，幸好乐乐反驳得很有力，爸爸才及时意识到自己不应该质问乐乐，而是应该给乐乐正向引导的指令。这样，在爸爸的建议下，乐乐和皮皮一起玩玩具，获得了分享的快乐。

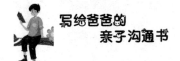

　　每个人都不喜欢被质问，孩子也是如此。哪怕是很小的孩子，在被质问的时候，他们虽然听不懂质问的意思，但是却能感受到爸爸质问的语气很严厉，表情很严肃，因而会感受到爸爸的不友好。大一些的孩子理解能力更强，更为敏感，也就更加反感被质问。

　　因此，在和孩子沟通的时候，爸爸要改变沟通的思路和方法，给孩子正向指令。需要注意的是，给孩子指令，要在孩子不知道如何解决问题的前提下。如果孩子很有主见，也有能力解决眼前的难题，那么爸爸要做的就是耐心地等待孩子想出办法解决问题，而不要硬塞给孩子一个解决问题的方法，强求孩子必须照做。

　　人都是有逆反心理的，心理学家经过研究发现，很多人对于自己原本就准备去做的事情，一旦被他人命令去做，就会产生逆反心理，不愿意对他人言听计从。有些人为了表达自己的抗拒，甚至会改变想法，不再按照原计划去做。为此，爸爸在给孩子正向引导的时候一定要讲究方式方法，最好以建议的口吻说出来，而不是强求孩子必须照做。否则一旦激发起孩子的逆反心理，结果只会变得更糟。

　　那么，什么才是建议的口吻呢？举例来说，孩子把电视的声音开得很大，爸爸与其对孩子说"快把声音关小"，不如建议孩子"如果你能把声音关小一些，我会非常感谢你"或者"这么大的声音，不知道是否会影响到楼下的邻居"。同样都是给出正向引导，表达方式不同，所起到的效果也截然不同。再如，有些爸爸常常威胁孩子，对孩子说"如果你不那么做，后果自负"。这句话带有明显的威胁意味，偏偏有很多孩子都是吃软不吃硬的。爸爸的态度越是强硬，他们反抗的力度就越大。那么，爸爸可以说"我认为你那么做会更好，你觉得呢"，或者还可以启迪孩子"除了这种做法之外，你还能想出更好的做法吗"。爸爸坚持对孩子进行正向引导，天长日久，亲子沟通渐渐就会发生微妙的良性变化。

在对孩子进行引导的时候，爸爸要坚持一个重要的原则，即不要在心中已经预先设想好了孩子应该怎么做，再对孩子发号施令，并且带着不达目的誓不罢休的决心，坚持要求孩子按照爸爸的想法去做。

太多的爸爸一旦看到孩子遇到问题，第一时间的念头就是想帮助孩子解决问题，所以他们大多会采取快刀斩乱麻的方式，在此过程中既没有花时间倾听孩子，也没有耐心感受孩子的心理变化，只想迅速地给孩子提供切实可行的解决方案。然而这真的是孩子所需要的吗？当然不是！孩子所需要的是自己找到解决问题的方案，他们想从爸爸那里得到的只是理解和接纳。如果爸爸总是这样给孩子提供方案，那就只会招致孩子的反感。很多孩子都不喜欢别人告诉他怎样才是正确的做法，因为这意味着别人是不信任他们的，怀疑他们的能力。从爸爸的角度进行分析，爸爸给孩子提供解决问题的方案，实际上是在满足自身的需求，因为当帮助孩子解决了难题之后，孩子就不会缠着爸爸倾诉了。尽管问题暂时得到解决，然而孩子的需求依然是没有得到满足的，因为他们的需求恰恰是倾诉，是情感的慰藉与精神上的认同。

举个简单的例子。妈妈为家里新买了一个茶几。爸爸的朋友来家里做客，这个朋友不拘小节，也不是很讲卫生，居然把脚搭在了茶几边缘。在这种情况下，爸爸如果严厉地质问朋友："你怎么能把脚放在茶几上呢？"那他这样说就会让朋友很没有面子，也会让朋友觉得特别尴尬。因此，爸爸是不会这么说的。爸爸固然心疼家里的新茶几，却不想因此而失去朋友，也许他会委婉地提醒："怎么样，我家茶几好看吗？这是我老婆

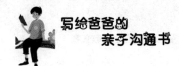

新买的。"听到这话，朋友很有可能会识趣地把脚从茶几上拿下来。但是，如果孩子把脚放到了新买的茶几上，爸爸就极有可能会指责和质问孩子："你在做什么？快把你那脏兮兮的脚从茶几上拿下来。"和与朋友的沟通并没有提出明确的解决方案相比，爸爸对儿子说的话则提出了明确的解决方案，这样一来，朋友可以主动地把脚从茶几上拿下来，而孩子只能被动地把脚从茶几上拿下来，哪怕他原本就已经准备把脚拿下来了。可爸爸的命令使孩子失去了主动改正错误的机会，这会让孩子感到没面子，也会让孩子深受打击，产生挫败感。为了维护自己的尊严，孩子不得不故意和爸爸对着干，仿佛这样做才能挽回他的面子，与此同时，他还会对爸爸满怀敌意，认为爸爸是故意让自己下不来台。

由此可见，除了不要质问孩子之外，爸爸也不要总是为孩子提供解决方案。如果孩子长期在爸爸的压制下长大，习惯于接受爸爸提供的各种解决方案，那么渐渐地他们就会失去自己的思考，在面对任何问题的时候都会在第一时间求助于爸爸。当他们长大了，无法继续在爸爸身边生活，他们就会对身边的人表现出言听计从的一面，无法肩负起属于自己的生活和责任。要想避免这种情况出现，爸爸从小就要培养孩子的独立自主意识，避免为孩子提供现成的解决方案，但是可以积极地对孩子开展正向引导，让孩子想出属于自己的解决方案。也许孩子的解决方案不是最完美的，也未必能够得到预期的效果，但只要孩子坚持进行独立思考，坚持独立解决问题，他们的方案就会越来越成熟，能力也会持续得以提升。

# 平等对待孩子，而非俯视

很多爸爸认为，既然我生养了孩子，就享有教育和教养孩子的权利。然而，生养孩子不是投资，而是为人父母心甘情愿做出的选择，所以爸爸们无法主张对孩子任意行使家长的权利，而是要对孩子负起养育和教养的责任。受传统思想的影响，很多爸爸对待孩子的时候会展现出一副高高在上、俯视孩子、不愿意平等对待的态度。他们认为在一个家庭里，爸爸是顶梁柱，而孩子呢，是需要靠着爸爸的精心照顾和经济供养才能生存下来的。有的爸爸甚至还抱有封建时代"君为臣纲、夫为妻纲、父为子纲"的思想。然而时代在发展，社会在进步，爸爸的教育思想也需要随之转变，毕竟孩子的自我意识在不断增强。爸爸要想与孩子顺畅地沟通，建立良好的亲子关系，就必须要平等地对待孩子，而不是居高临下地俯视孩子，更不要以统治者的强势形象自居，认为自己是孩子的主宰。唯有彻底摒弃这样的家庭等级思想，爸爸与孩子之间才能建立全新的亲子关系。

爸爸平等地对待孩子，首先表现在平等的沟通上。因为平等的沟通是爸爸与孩子拥有平等人格的表现，也是爸爸把孩子视为独立生命个体平等对待的表现。遗憾的是，现实生活中，很多爸爸都不能做到平等地与孩子沟通。这是因为他们认为孩子是他们的附属品，甚至是他们的私有物，要仰仗他们的照顾和供养才能生存，所以每当他们面对孩子时就有强烈的优

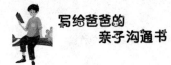

越感。在生活中仔细观察就能发现平等的沟通常常被倡导用于亲子之间，而在两个成人之间，人们很少会特意主张要坚持平等沟通。太多的爸爸都没有意识到自己对待孩子并不平等，他们受到主观意识的驱使对孩子发号施令，对孩子强加命令。有些爸爸一旦被指责没有平等对待孩子，马上就会扛起"为了孩子好"或者"爱孩子"的大旗，为自己辩解，诉说自己的委屈。不得不说，有相当一部分爸爸嘴上说是为了孩子好，逼着孩子努力学习将来考取名牌大学，实际上是为了弥补自己的人生遗憾，满足自己的欲望。如果真的是为孩子好，爸爸就会以孩子的需求为准，而不是以自己的需求为准；如果真的是为孩子好，爸爸就会无怨无悔地为孩子付出，不求任何回报，而不会把自己的付出挂在嘴上，要求孩子必须对得起自己提供的优渥条件。由此可见，爸爸们固然是在爱孩子，但也不要总是逼迫孩子"继承"自己的志向，满足自己的心愿，而是应该助力孩子向前奔跑，鼓励和支持孩子创造属于他们自己的人生。

除了要平等对待孩子外，爸爸还要注意把自己摆在正确的位置上。有些爸爸觉得自己作为家长肯定始终都是在正确的位置上的，而且家长的权威不容置疑，其实这样的想法大错特错。把自己摆放在高高的位置上就是正确的吗？爸爸的位置越高，就越是要俯视孩子，就越是会情不自禁地对孩子下达命令，甚至明知道自己是错的，也不愿意向孩子承认错误，更不愿意向孩子道歉。长此以往，爸爸就会养成不懂装懂的坏习惯，给孩子树立糟糕的榜样。

有些爸爸还有传统的家长意识，认为所谓家长就是家庭的统治者，统治着其他家庭成员；是家庭的管理者，负责管理其他家庭成员；是家庭的教育者，负责教育孩子。可以看出，在传统家长思想意识的影响下，这些爸爸对待孩子的态度都是居高临下的，都是充满威严的，都是不容怀疑和挑衅的。这使得在家庭生活中，爸爸和孩子的地位极其不平等，也就直接导致亲子沟通无法保持平等的状态。有的时候，亲子感情和亲子关系都会受到不平等的家庭地位的伤害。

那么，爸爸为何要处处维护自己作为家长的权威，并且一定要高高地俯视孩子呢？其实，这并不意味着爸爸是充满自信的，恰恰相反，当爸爸总是以强权压制孩子，恰恰说明了爸爸的心虚和胆怯。没错，爸爸就是心虚和胆怯了。他们在内心深处非常害怕自己不被孩子接纳，与此同时，他们又不愿意刻意讨好和逢迎孩子，所以就只能走向另一个极端，以强权压制孩子。正因为如此，很多家庭教育的现状才会呈现出两极分化：一极是父母捧着孩子，宠爱孩子，对孩子无比纵容；另一极是父母压制孩子，打压孩子，对孩子异常严厉。前一种家庭里，孩子是小公主、小霸王，后一种家庭里，父母是土皇帝，是太上皇。作为爸爸，必须端正自己对待孩子的态度，既不过分娇纵宠溺孩子，也不过度严格管教孩子，才能摆正自己的位置，与孩子之间建立良好的亲子关系，拥有深厚的亲子感情，同时也在此过程中建立家庭生活的秩序，使得整个家庭都保持最佳的运转状态。

由此可见，爸爸既不要俯视孩子，也不要仰视孩子，而是应该和孩子处于同样的人格高度，保持同样的家庭地位，为孩子营造民主和谐的家庭氛围，让孩子在爱与自由中健康快乐地成长！

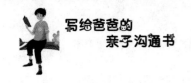

# 认可孩子的优点，而非否定

说起孩子，很多家长都以"神兽"称呼之，这是一种对孩子的表现既满心欢喜又无可奈何的矛盾心理。记得曾经有人说过，大多数父母都觉得养育孩子困难重重，就是因为孩子是一个可以四处自由活动的活物。这个说法尽管太过于直白，却很准确到位。正因为如此，才有很多妈妈会在怀孕的时候盼望着卸货，又在生了孩子之后觉得还是把孩子揣在肚子里更好；会在孩子小的时候因为照顾孩子的吃喝拉撒而觉得辛苦，又在孩子长大之后觉得还是小时候比较好带。随着孩子不断成长，孩子的自我意识渐渐增强，他们各个方面的能力都得以提升，这使得他们更为迫切地想要成为独立的生命个体，而不想再被父母严格地管束。由此一来，父母与孩子之间的关系也发生了微妙的变化，比如孩子不再对父母言听计从，开始反抗父母，父母常常觉得委屈而又无处诉说。

尤其是爸爸和孩子在一起相处的时候，更会面临着很多的矛盾冲突。比如爸爸在家庭生活中扮演着说一不二的一家之主的角色，他们怎么能允许孩子挑战自己的权威呢？因此，爸爸们总是以挑剔苛责的眼光看待孩子，他们看不到孩子的优点，或者即使看到孩子的优点，也不愿意慷慨地赞扬，反而总是盯着孩子的缺点，指出孩子的各种不足和提出各种建议。在这样的相处状态下，亲子关系只能越来越紧张。孩子虽然小，也不愿意总是被否定和打击。爸爸只有认清楚这一点，多多地给孩子鼓励，才能激发孩子的内部驱动力，使孩子更加积极主动地学习和健康成长。

在影片《烈火英雄》中，杜江饰演的角色没有得到爸爸的认可，即使是自己得到晋升，也被爸爸说成是因为前一任领导犯了错误，他才有机会。对于爸爸这样的评价，儿子非常伤心和难过。后来，儿子在救火中表现非常英勇，险些牺牲。他万分疲惫地回到家里，爸爸穿上曾经的军装，庄严地给儿子敬礼。那一刻，他的眼睛里闪着泪花。因为对于儿子而言，得到父亲的认可才是对他最大的嘉奖！现实生活中，作为爸爸，我们一定要有一双善于发现的眼睛，这样才能看到孩子身上的闪光点，也才能给予孩子更多的鼓励。爸爸常常抱怨孩子不知道自己对他的爱有多深，其实爸爸又何尝知道孩子有多么渴望得到爸爸的认可呢！有人说，要想让孩子变成父母所期望的样子，父母就要如自己所期望的那样赞赏孩子。这句话正印证了"好孩子都是夸出来的"。


乐乐是个自尊心很强的孩子，他一直渴望得到爸爸的认可。为此，他努力学习，坚持锻炼身体，只想用实力证明自己。即便如此，爸爸还是对乐乐有很多不满，认为乐乐缺乏运动细胞，不擅长运动项目，就是给他丢脸。

有一次，乐乐听到同桌说起放学后要去学习打篮球，他也很想去。回到家里，他对爸爸说起这件事情，爸爸当即否定道："学习打篮球不要花钱吗？很多人只凭着爱好，勤学苦练，打篮球也很出色。你们啊，真是一点儿苦都不能吃，一点儿力气都不想出，只想走捷径。花钱上课外班学习打篮球当然轻松，但是家里的负担却会很重。

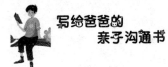

你呀，就是不想吃苦不想受累！"被爸爸一番抢白，乐乐如同被泼了一盆凉水，心灰意冷。

这个时候，妈妈对爸爸说："孩子有上进心是好事。你总是嫌孩子没有运动才能，现在孩子主动提出要学习打篮球，你又不愿意支持！现在，周围的孩子都在上课外班，乐乐没有上，却要和他们竞争，岂不是为难乐乐吗。"妈妈说得很有道理，爸爸一时之间不知道如何回应，陷入了沉思。妈妈转而对乐乐说："乐乐，你放心，妈妈有钱给你上课外班。只要你愿意学习打篮球，妈妈一定坚决支持你。"这时，爸爸也幡然醒悟，对乐乐说："我上次听同事说，他们给孩子花钱报课外班孩子都不愿意去上，乐乐，你能主动找到办法去缩短差距，向优秀的同学学习，弥补自己的短板，爸爸为你骄傲。"听到爸爸的话，乐乐的眼泪簌簌而下。

在这个事例中，爸爸显然犯了一个错误，即以否定的方式打击乐乐的上进心，也伤害了乐乐的自尊心。幸好妈妈及时弥补了爸爸的错误，给乐乐以认可和鼓励，并且表示要大力支持乐乐，这才减少了对乐乐的伤害。得到了心理上的满足，乐乐感动极了，流泪不止。

事实上，爸爸们越是一味地批评和否定孩子，孩子越是和他们对着干。反之，当他们改变与孩子沟通的态度，发现孩子的优点，并且慷慨地赞美孩子，孩子反而会积极地做出改变。这是因为在不同的沟通方式下，爸爸对孩子的影响力是不同的，否定和批评使孩子生起逆反心理，故意与爸爸作对，而认可和赞赏使孩子心甘情愿地做出改变，成为更好的自己。明智的爸爸当然会采取认可和赞赏的方式对待孩子，这样不但能够有效地改善亲子沟通的状态，也会成功地对孩子施加影响力。

# 接纳孩子的缺点，而非嘲笑

古人云，金无足赤，人无完人。这句话告诉我们，一个人不管多么完美，都必然有缺点和不足。遗憾的是，很多爸爸一旦面对孩子，就会完全把这个道理抛之脑后，他们最希望孩子做到的就是十全十美、无可挑剔。然而特别神奇的是，尽管对孩子提出这么高的要求，爸爸却丝毫没有意识到自己也是不完美的，也有很多缺点。当看到孩子有缺点或者不足时，爸爸往往嗤之以鼻，嘲笑孩子不能极尽完美。很多孩子因为年纪小，缺乏自我评价能力，也不能做到客观公正地看待自己，所以他们往往会出于对父母的信任，而把父母对他们的评价作为自我评价。如果爸爸总是嘲笑孩子，长此以往孩子就会越来越自卑，认为自己什么都做不到，从此失去信心。爸爸应该知道，信心对于孩子而言多么重要。如果没有信心，孩子做很多事情都会怀疑自己的能力，甚至没有勇气去尝试。只有在拥有信心的前提下，孩子才能在好奇心的驱使下勇于探索。

为了从小培养孩子的自信心，爸爸要坦然接纳孩子本来的样子。然而对于孩子，爸爸的期望却总是会越来越高。在孩子小时候，爸爸希望孩子健康成长，不要生病，每天都快快乐乐、平平安安。随着孩子不断成长，爸爸希望孩子在学习上出类拔萃，在与同龄人的竞争中能够崭露头角。当孩子的

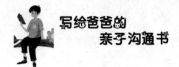

表现不能让爸爸满意时，爸爸就会批评和指出孩子更多的缺点，还会嘲笑、讽刺，甚至挖苦孩子。原本，爸爸是想以这样的方式激励孩子更加努力，却没想到恰恰是这样使得孩子的自尊心破碎了一地，有些孩子甚至就此走上了自暴自弃、破罐子破摔的道路。

如果爸爸认识到接纳对孩子的重要性，也认识到真正的爱就是接纳孩子本来的样子，那么他们对待孩子的态度和方式就会改变。在这个世界上，每个人都是完全独立的生命个体，哪怕是一母同胞的双胞胎，虽然外表看起来长得很像，个性也是截然不同的。既然如此，爸爸又何必强求孩子要向那些优秀者看齐，甚至恨不得自己的孩子也能成为和优秀者一样的人呢？真正爱孩子的爸爸，应该珍惜孩子的与众不同之处。唯有如此，爸爸才能做到深爱孩子、赏识孩子，孩子也才能在爸爸的爱与赏识中不断成长。

皮皮有个缺点，就是记忆力欠佳。对于同样的一篇课文，乐乐只需要花十分钟就能背诵下来，皮皮即使花几个小时，也只能背诵得磕磕巴巴。对此，皮皮感到非常苦恼。周末，老师布置了背诵课文的任务，皮皮发愁得吃不下饭，睡不着觉。看到皮皮寝食难安的样子，爸爸忍不住嘲笑皮皮："你呀，真不知道记性怎么那么差，一定是因为妈妈怀你的时候没吃核桃健脑。"爸爸话音刚落，皮皮就歇斯底里地哭了起来。妈妈闻声赶来，得知事情的原委，狠狠地批评了爸爸一通。爸爸受到批评，自知理亏，不敢为自己辩解，赶紧躲到书房里去了。

看到爸爸离开了，妈妈安抚皮皮："皮皮，每个人都有长处，也有短处。你虽然记忆力不是最好的，但是你的想象力特别丰富啊。你还记得上次老师布置写一篇续写的作文吗？"听到妈妈提起续写的作文，皮皮马上来了精神，他滔滔不绝地说起自己的作文得到了老师表扬的事情来，还自豪地说自己的作文被老师当作范文读给全班同学听呢。这个时候，爸爸拿着一张纸走出书房，郑重其事地向皮皮道歉，说："皮皮，对不起，爸爸不该嘲笑你。你看，这是我总结的增强记忆力的方法，其实记忆是有技巧的。例如，我们要了解艾宾浩斯遗忘曲线，才有助于记忆。接下来，我们一起学习艾宾浩斯遗忘曲线，好不好？"看到爸爸这么真诚，皮皮当即就原谅了爸爸。后来，在他和爸爸的共同努力下，他记忆的效果越来越好了。

对孩子而言，被爸爸嘲笑的体验真的非常糟糕。孩子特别信任爸爸，也渴望得到爸爸的鼓励，如果爸爸非但不鼓励孩子，反而嘲笑和打击孩子，那么孩子就会彻底否定自己，甚至放弃努力。反之，哪怕是对于表现欠佳的孩子，爸爸只要坚持鼓励，那么日久天长孩子就会在一点一滴的进步中华丽蜕变。当然，爸爸要想做到坚持鼓励孩子并不容易，前提是要全然接纳孩子本来的样子，而不要对孩子怀有不切实际的期望，更不要对孩子提出过高的要求。

爸爸要学会换位思考，问问自己：孩子可曾要求我成为绝对完美的爸爸？我是绝对完美的吗？答案当然是否定的，因为这个世界上根本没有绝对完美的人存在，每一个爸爸都是不完美的。然而，这并不影响孩子深爱和信赖爸爸。作为爸爸，要向孩子学习，要像每一个孩子无条件爱着自己的爸爸那样，也无条件地爱孩子，也全然接纳孩子。唯有如此，爸爸才会既欣赏孩子的优点，又欣赏孩子的缺点，既接纳孩子的优秀，也接纳孩子的不完美。

# 激励孩子，而非挖苦

在亲子沟通中，爸爸们常常会在不知不觉间挖苦孩子，以此发泄对孩子的不满。他们却不知道，一句句挖苦的话就像是一把把锋利的刀子会刺伤孩子的心。孩子正处于成长过程中，他们必然会有很多不足，也会犯各种各样的错误。作为爸爸，每当对孩子的表现不那么满意时，一定要给孩子激励，切勿挖苦孩子。

爸爸的激励，对于孩子而言就像是生活中丝丝缕缕的阳光，也像是迎面拂来的春风，会让孩子感到安心，感到温暖。那么，爸爸如何才能做到有效激励孩子呢？首先，要用积极的语言评价孩子，坚持正向表达。例如，孩子犯了错误，爸爸不要批评孩子，而是要告诉孩子怎样做才是正确的，也要鼓励孩子再次尝试。其次，要拥有发现美的眼睛，看到孩子的行为举止中值得赞赏的地方，慷慨地表扬孩子。再其次，以客观公正的态度对待孩子。不要总是对孩子发表主观评论，而是要看到孩子失败的客观原因，这样既可以帮助孩子避免再犯错误，也可以让孩子看到爸爸的态度。最后，不要害怕孩子骄傲，而是要让孩子真正为自己感到骄傲。很多爸爸担心孩子会如同骄傲的公鸡一样翘起尾巴，不可一世，为此他们故意打击孩子的自信，让孩子不那么骄傲。其实，如果孩子真的很优秀，他们为何不能为自己感到骄傲呢？当孩子意识到自己的长处，知道自己还有很大的潜能可以挖掘，他们就会振奋精神，再接再厉，这不恰恰是爸爸想要看到的吗？否则，如果爸爸总是打击孩子，孩子就会陷入自卑的泥沼中无法自拔，比如做任何事情都缺乏自信，这显然是比骄傲更糟糕的成长状态。总而言之，爸爸要多多鼓励孩子，才能让孩子扬起信心的风帆，成为最出色的自己。

　　这次考试，乐乐因为发挥不好，成绩有所下降。这件事情如果发生在以前，爸爸很有可能讽刺乐乐，但是经过一段时间的调整，爸爸渐渐地领悟到亲子沟通的秘诀，他非但没有挖苦乐乐，反而很真诚地对乐乐说："乐乐，俗话说，常在河边走，哪有不湿鞋的。就算是真正的学霸，也不可能保证每次考试都发挥出自己的最佳水平。偶尔一次小失误没关系，反而暴露了问题，正好可以借此机会查漏补缺呢！"乐乐难以置信地看着爸爸，仿佛不相信这些话是从爸爸嘴里说出来的。爸爸宠爱地摸了摸乐乐的脑袋，说："臭小子，看得我都不好意思了。"乐乐这才回过神来，当即对爸爸撒娇道："爸爸，你变得让我都快要不认识你了。"

　　爸爸不好意思地笑起来，说："其实，上周在处理工作的时候，爸爸也犯了一个错误。这个错误很低级，按理来说我不应该犯这样的错误，但是我偏偏犯了。当时，我很害怕被其他同事嘲笑。我很懊悔，也很沮丧，不过很快我就告诉自己，一切都可以弥补或者从头再来。我既然能这样劝慰自己，也应该这样对你。"乐乐高兴地扑到爸爸怀里，提议道："爸爸，要不我们俩展开竞赛吧。我们比一比，看谁能最先扳回一局。"就这样，乐乐和爸爸都铆足了劲儿，很快，乐乐在月考中取得了好成绩，爸爸在工作上的表现也越来越好了。

　　说起孩子的学习，很多爸爸都会抓狂，因为他们一心盼望着孩子能在学习上有出类拔萃的表现，能在学习上取得傲人的成绩。当然，孩子的进取之心与爸爸相比也是有过之而无不及的。但是，孩子常常因为各种各样的原因在学习上出现失误。面对这样的情况，爸爸与其挖苦孩子，使孩子感到心灰意冷，不如鼓励孩子，帮助孩子重新振作信心，这样孩子很快就会找回最佳状态，继续勤奋学习。

　　在很多家庭里，每当到了晚上写作业的时候，或是每当到了考试出成绩的时候，总是鸡飞狗跳，母不慈子不孝，爸爸甚至被气得嗷嗷叫，这都是因为爸爸没有调整好自己的心态，没有以积极的方式与孩子沟通。要知道爸爸是亲子关系的主导者，在亲子之间出现各种问题或者是孩子身上出现各种问题的时候，爸爸的态度决定了事情的发展态势。可见，爸爸对于建立良好的亲子关系任重道远，对于维持家庭的和谐更是有着不可推卸的责任。作为爸爸，必须时刻保持冷静和理性，这样才能在教育孩子的过程中坦然面对孩子的一切表现，接纳孩子的优点，也接纳孩子的缺点，真正做到心平气和地对待孩子。

　　其实，爸爸不妨设身处地地为孩子想一想，可以假设自己是孩子，问问自己：当我犯了错误时，原本就心情沮丧，情绪低落，还要承受他人的挖苦和讽刺吗？尤其是孩子的自尊心本来就很脆弱，爸爸越是打击孩子，孩子越是一蹶不振，孩子很难像爸爸所预期的那样越挫越勇。古人云，己所不欲，勿施于人。作为爸爸，对于自己不愿意承受的伤害，也就不要对孩子施予。当爸爸以对待自己的方式对待孩子，以尊重自己之心尊重孩子，爸爸就能有效地改善与孩子之间的关系，给予孩子更多的鼓励、支持和帮助。

人们常说，每一个成功男人的背后，都有一个默默支持的女人。我们也要说，每一个优秀孩子的背后，一定有一个无条件支持他（她）的优秀爸爸。爸爸是孩子人生的引领者，是孩子精神的导师，是孩子幸福的源泉。家中有个好爸爸，是孩子最大的福气。对于爸爸而言，能够引导孩子健康快乐地成长，同样是人生中最幸运的事情。

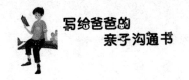

# 诉说你对孩子的期望，而非比较

在很多孩子的心中，"别人家的孩子"俨然已经成为噩梦般的存在，这不是因为"别人家的孩子"与他们有何交集，而是因为"别人家的孩子"始终挂在父母嘴边。太多的父母喜欢把自己家的孩子与别人家的孩子进行比较，妈妈尤甚，爸爸也不甘示弱。"别人家的孩子"也许只是不相干的人家的孩子，也许是爸爸的同事、朋友或者亲戚家的孩子，也有可能是孩子的同学。让这些人成为压制孩子积极性的因素真的好吗？未必！作为爸爸，不仅要全然地接受自己家的孩子，也要更加理性地评价别人家的孩子，切勿为了激励自家孩子，就神化别人家的孩子，更不要因为受到别人家的孩子刺激，就对自家孩子提出超高的要求。

作为爸爸，不如扪心自问：我愿意被孩子拿去和别人家的爸爸进行比较吗？别人家的爸爸也许很有钱，还有权势，为孩子的人生铺平了道路，使孩子一出生即到达人生的巅峰，别人家的孩子自然拥有普通孩子无法企及的起点。然而，我呢？我却是非常普通和平庸的，虽然心比天高，却没有一步登天的好运气，而不得不把自己没有完成的人生理想寄托在孩子身上。请问，这样对于孩子而言公平吗？每一个爸爸都不想被与别人家的爸爸比较，每一个孩子也都不想被与别人家的孩子比较。既然如此，爸爸们应该调整好心态从容接纳孩子，也理性地对待孩子的成长。

不然，则很可能导致事与愿违，使孩子误以为爸爸只喜欢别人家的孩子而不喜欢自己。有些孩子因为叛逆心理比较强，还会故意与爸爸针锋相对。如果爸爸不希望亲子关系剑拔弩张，那么就请学会平和地表达自己对孩子的期望，而把别人家的孩子抛之脑后吧！

最近这段时间，爸爸对于皮皮学习的状态很不满意。一天吃晚饭的时候，爸爸感慨地说："皮皮啊皮皮，你看看你这次考试的成绩，爸爸的老脸都被你丢尽啦。你看看人家乐乐，每次考试都名列前茅，学习成绩稳中有升，多么给爸爸妈妈长脸啊！你和乐乐是好朋友，处处都和乐乐结伴，为何在学习上不能和乐乐并驾齐驱呢？"听到爸爸的话，原本津津有味吃着红烧肉的皮皮低下了头，正在嘴里咀嚼的红烧肉瞬间失去了味道，如鲠在喉。妈妈见状赶紧打圆场："咱家皮皮也有优点啊，诚实，守信用，所以乐乐才愿意和皮皮做好朋友啊。"

爸爸并没有接过妈妈的话茬儿，而是继续说道："皮皮，你不如就把自己的目标定为追赶乐乐吧，你只要在学习上能和乐乐一样，爸爸就心满意足了。"皮皮沉默片刻，突然说道："乐乐的爸爸是北大毕业的高才生，我的爸爸呢？乐乐的爸爸现在是工程师，我的爸爸呢？"皮皮的话让爸爸瞬间哑口无言，他这才意识到自己的话给皮皮带来的伤害。过了很久，他面红耳赤地给皮皮道歉，说："皮皮，你在学习方面尽力就好，有困难就告诉爸爸妈妈。爸爸不该拿你和乐乐比较，对不起。"从此之后，爸爸再也不把皮皮和乐乐放在一起比较了。自然，皮皮再也没有把自己的爸爸和乐乐的爸爸放在一起比较了。

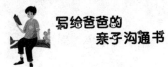

　　爸爸对孩子提出期望原本是再正常不过的事情，但是在很多家庭，爸爸一旦对孩子提出期望，就会情不自禁地说起别人家的孩子，这使孩子的自尊心严重受到伤害，也使孩子对爸爸产生排斥心理。明智的爸爸要始终牢记孩子和大人一样，不喜欢被别人拿来比较，从而发自内心地接纳孩子，尊重孩子。即使对孩子提出期望，也要从孩子的实际情况出发，提出合理的、有可能实现的期望。这样对于孩子才是激励和鞭策，而不是压制和否定。

　　日常生活中，随着家长对孩子的教育越来越重视，个个都八仙过海各显神通地发掘孩子的潜能，所以"牛娃"越来越多。每一个爸爸都觉得自家孩子理应最优秀，然而现实终究会让他们渐渐地接受自己的孩子有可能就是很平凡。当爸爸真正认识到孩子和自己一样平凡，只能拥有普通的人生，他们就不会再动辄把孩子用来比较，对孩子提出过高的期望，使孩子承受如山的压力。岁月静好，何尝不是至高的人生境界呢？爸爸要做的不是规划孩子的人生，不是逼迫孩子实现爸爸的理想和愿望，而是引领着孩子走向属于孩子自己的未来和幸福。

# 平静地表达你的观点和意见，而非暴怒

人是情感动物，也因此会在面对诸多事情的时候产生各种各样的情绪。当情绪平静的时候，人们会从容地表达自己的所思所想；当情绪激动的时候，人们就会受到情绪的驱使，陷入歇斯底里的状态。很多爸爸在和孩子沟通时，常常会因为情绪起伏不定而口不择言，说出一些伤害孩子的话，这是孩子无力承受的，也会给孩子的内心带来严重的伤害。然而，爸爸却对此浑然不觉，继续以粗暴的语言伤害孩子。有些孩子在爸爸的语言暴力下变得胆怯自卑，不敢表达自己，有些孩子在爸爸的语言暴力下奋起反抗，和爸爸之间爆发激烈的争吵。最终使得在亲子沟通中，孩子非但没有采纳爸爸的建议，反而还与爸爸反目成仇，故意与爸爸对着干，使爸爸对他们无计可施。不得不说，这并非爸爸想要的结果。

对于爸爸而言，要想真正地说服孩子，让孩子愿意听从爸爸的话，采纳爸爸合理的建议，在遇到难题的时候也愿意和爸爸商量着解决问题，就要改变与孩子沟通的方式方法。从现在开始，不要再如同炮仗一样随时在孩子面前爆炸，请保持平静的心态与孩子沟通吧。当爸爸言辞恶劣，孩子就会言辞恶劣；当爸爸言语温和，孩子就会言语温和。在一切的人际关系中，我们如何对待他人，他人就会如何对待我们。为了避免被他人不那么友好地对待，我们需要做的就是友善地对待他人。遗憾的是，爸爸在和家

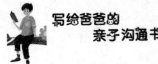

人以外的人相处时往往能做到这一点，而在和孩子相处时却总是忽略这一点，或者他们根本就没有意识到自己需要友善地对待孩子。

在很多家庭，孩子动辄就对爸爸大喊大叫，常常与爸爸之间爆发冲突。有些爸爸将其归结为孩子脾气暴躁，实际上，孩子不会天生就脾气暴躁。真正的原因在于，孩子在学习和模仿爸爸。换一个沟通的对象，例如在学校里与老师沟通，孩子就会彬彬有礼，因为老师一直以来也是礼貌地对待孩子，真诚地尊重孩子的。由此可见，问题的根源在爸爸身上，而不在孩子身上。唯有意识到这一点，积极主动地改变自己对待孩子的态度和方式方法，爸爸才能有效地改变自己与孩子的相处模式，成为孩子的榜样和楷模。

很久以前，南风和北风打赌，看谁能最先使路上的行人脱掉衣服。北风呼啸而至，骄傲自满地说："我北风的力量是最强大的，没有人能与我抗衡，就让我先来试试身手吧！"就这样，北风呜呜呜地吹了起来。很快，天上就飘来乌云，把太阳遮挡起来。看到太阳被遮挡住，北风更加得意张狂，吹得更起劲了。行人渐渐感觉到寒冷，不但没有脱掉衣服，反而穿上了更加厚重的棉服，还戴上了帽子，围上了围巾，只露出两只眼睛在外面。北风累得气喘吁吁，却丝毫没有效果，只好作罢。

轮到南风登场了。南风非常温柔地吹着，很快就把乌云吹散了，使太阳光照射在行人的身上。行人感到非常暖和，走着走着，觉得越来越热，情不自禁地取下了帽子、围巾，还脱掉了笨重的外套。孩子们穿着轻薄的衣服在阳光下玩耍，充满了欢声笑语。

如果把南风和北风都比作爸爸，那么相信孩子们都会更喜欢由南风当爸爸，而不喜欢由北风当爸爸。从某种意义上来说，在人际关系中，我们对他人施加的力量都会反弹回来，作用于我们自身。例如，当我们暴怒地对待孩子，孩子就会暴怒地对待我们，在这样的情况下，孩子当然不愿意接纳我们的观点，采纳我们的建议，哪怕他们明知道我们是为了他们好，他们也会故意与我们作对。这就是北风的力量。而当我们温柔地对待孩子，孩子也会温柔地对待我们，这个时候我们才能把话说到孩子的心里去，让孩子心甘情愿地听我们讲道理。具体来说，在日常生活中，爸爸要怎么做才能平静地表达自己的观点和意见呢？

　　首先，爸爸要尊重孩子。孩子虽然小，并不能完全为自己的行为举止负责，但是他们是有权为自己做出决定，做出选择的。对于孩子力所能及的事情，爸爸不要过多地干涉，而要尊重孩子的意见，给孩子机会去做决定，做选择，也让孩子承担相应的后果。

　　其次，爸爸要平等对待孩子。很多爸爸喜欢居高临下地对孩子下达命令，而且语气非常严厉，从不慈爱。孩子是很敏感的，他们会感觉到爸爸的情绪，从而调整自己的状态去应对。既然如此，爸爸就该平等对待孩子，以平和的情绪面对孩子。

　　再其次，爸爸要谨言慎行。太多的爸爸对待孩子的时候根本不动脑子，他们认为孩子还小不会计较，认为自己养育了孩子就有权对孩子说任何话，这使得他们对孩子肆无忌惮，既不会在和孩子沟通之前组织语言，也不会在对孩子动手之前考虑到后果，所以势必会导致和孩子的关系越来越紧张。

　　最后，爸爸要邀请孩子参与更多的事情。很多爸爸口头上标榜自己

是尊重孩子也是平等对待孩子的，但一旦发生事情，他们就会不由分说地代替孩子做决定，或者对孩子发号施令，强令孩子必须接受他们的安排。长此以往，孩子就会缺乏主人翁意识，对爸爸的依赖心理越来越强，这对于孩子的成长显然极其不利。不管家里有什么事情，爸爸都要邀请孩子参与，在此过程中培养孩子的主人翁意识，提升孩子各个方面的能力，让孩子接受更多的历练。若爸爸坚持这么做，总有一天，孩子会成就真正的自我，也以成人的形象与爸爸共同承担起家庭的责任。

仔细想想，爸爸与孩子是有着多么深厚的缘分，才能成为一生一世的父子。爸爸要珍惜这份缘，也要珍惜与孩子相处的美好时光。虽然孩子小时候懂得很少，也不能做好自我管理，常常给爸爸招惹麻烦，但是对于爸爸而言，这是难能可贵的人生经历。孩子的成长是不可逆的，也许就在爸爸抱怨养育孩子太麻烦的时候，孩子就已经在不知不觉间长大了。很多爸爸看着已经长大成人的孩子，常常会后悔在孩子小时候没有多多陪伴孩子，没有给予孩子更多的耐心和关爱。要想避免这样的后悔和遗憾，那么就让我们抓住能够陪伴孩子成长的时光，守护在孩子的身边，以温和的语言和坚定的态度引领孩子走向未来吧！当爸爸足够好，孩子就会足够优秀；当爸爸足够信任孩子，孩子就会足够自信；当爸爸足够关爱孩子，孩子的内心就会因为有了爱的滋养而足够柔软。

# 第三章

## 放下权威包袱，爸爸要真正尊重和接纳孩子

面对与孩子的冲突，爸爸往往会在不知不觉间争个输赢，

仿佛他们面对的不是自己至亲至爱的孩子，而是可恶的敌人。

在孩子面前摆出高高在上的样子，想方设法维护自己作为家长的

权威，完全没有真正尊重和接纳孩子，也没有敞开心扉拥抱孩子。

这是错误的！只有真正放下家长所谓的面子，尊重孩子，

接纳孩子，才能与孩子有良好的沟通。

# 不当包办型爸爸，给孩子自主的权利

　　现代社会很多女性不再留在家里相夫教子，而是走上职场和男性一样打拼，但是在相当多的家庭里，妈妈依然承担着照顾孩子的重任，而爸爸则负责赚钱养家。在这样的情况下，很多妈妈都对孩子照顾得无微不至，恨不得代替孩子做好一切事情，妈妈这种无原则无限度又全权包办的爱隔断了孩子自然习得能力的良性成长过程，阻碍了孩子的健康成长，也导致出现了越来越多基本生活不能自理，遇到事就喊妈的"妈宝"。其实，不仅妈妈会对孩子全权包办，很多爸爸也会对孩子全权包办。和妈妈的全权包办是更多地照顾孩子的生活相比，爸爸的做法则是更多地干涉孩子的自主权利，使得孩子被压抑，自我能力得不到发展。长此以往，孩子会畏缩胆怯，有很强的依赖性，不能独立地处理很多问题。

　　如今，很多孩子都缺乏决策力，正是因为爸爸没有给孩子机会去做出选择，进行决策。面对全权包办的爸爸，孩子尽管想要收回属于自己的权利，却无可奈何。具体来说，在生活中，爸爸的全权包办体现在以下几个方面：

　　第一，爸爸代替孩子解决一切问题。孩子在成长的过程中难免会遇到很多问题，有些问题在他们的能力范围之内，他们是可以凭着自身的力量解决问题的；有些问题则超出了孩子的能力范围，使孩子感到无能为力。

不管属于哪一种情况，爸爸都只能给孩子提出建议，或者辅助孩子解决问题，而不能动辄代替孩子去解决问题。爸爸也许可以代替孩子一年两年，却不能代替孩子一辈子。

第二，当面对各种选择的时候，爸爸不分青红皂白就代替孩子做出决策。也许孩子还不能马上做出明智的选择，但是没关系，爸爸要做的是耐心等待，必要的时候给予孩子适当的提醒，引导孩子分析利弊，做出决策。如果爸爸当即就代替孩子选择，那么孩子就永远也不能学会选择。

第三，支持孩子承担责任。很多孩子之所以缩手缩脚，不敢做出选择，是因为他们害怕承担责任，害怕一旦失败就会遭遇嘲笑。爸爸要成为孩子最坚强的后盾，在孩子失败时鼓励孩子，也支持孩子承担起他的责任。这样孩子才能渐渐长大，为自己感到骄傲和自豪。

新生儿呱呱坠地时是那么孱弱，必须依靠父母无微不至的照顾才能存活下来。随着孩子慢慢长大，健康成长的每一步都离不开父母的关爱与支持，但父母也应该知道和面对一个事实，那就是作为父母虽然能够抚养孩子长大，却不能陪伴孩子一生一世，父母终究要老去，孩子终究会拥有属于自己的人生。爸爸唯有为孩子考虑得更加长远，在孩子小时候就有意识地培养孩子的独立性，引导孩子学会决策，将来有朝一日看着孩子的背影渐行渐远时，才会倍感欣慰：我的孩子长大了，他可以独自去翱翔了。如果爸爸总是代替孩子，对孩子全权包办，那么当有朝一日孩子不得不离开爸爸的身边时，爸爸只会感到懊悔，后悔自己为何没有早一些培养孩子的独立性。俗话说，人无远虑，必有近忧。爸爸抚养孩子成长，要为孩子的未来考虑，才能提前谋划，未雨绸缪。

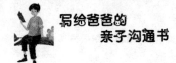
周末，爸爸带着乐乐去商场里玩。很快，他们来到一家玩具店。玩具店里的玩具多种多样，乐乐兴高采烈地玩起了样品。爸爸对乐乐说："乐乐，你可以购买一件玩具。"听到爸爸的话，乐乐高兴极了，因为爸爸此前规定他只有生日或者是儿童节才能买玩具。他当即谢过爸爸，一边玩耍，一边留心挑选玩具。

很快，乐乐就为自己选了一款变形金刚玩具。乐乐拿着变形金刚继续玩了起来。突然，他发现乐高玩具正在促销，折扣力度很大，因而问爸爸："爸爸，我可以买乐高吗？乐高比较贵。"爸爸点点头。原本，乐乐以为爸爸会拒绝他呢。爸爸的慷慨让乐乐感到很为难，因为如果爸爸不允许他买乐高，他就会毫不犹豫地买变形金刚。现在，爸爸既然允许他买乐高，他就必须在变形金刚和乐高之中做出选择。乐乐左手拿着变形金刚，右手拿着乐高，左看看右看看，特别为难。他时而看看爸爸，想让爸爸特许他买两款玩具，但是最终没有说出口。看着乐乐为难的样子，爸爸假装不知情。良久，乐乐才决定买乐高玩具。其实，原本爸爸也是建议乐乐买乐高的，因为乐高玩具比较贵，乐乐完全可以用自己的零花钱买变形金刚。果然，再次来商场的时候，乐乐有备而来，带着零花钱买下了变形金刚。

如果爸爸直接告诉乐乐怎么做才能鱼与熊掌兼得，那么乐乐就不会为了做出选择而备受煎熬。也许这样的方法的确很高效，也能最快地解决问题，但却不是最好的方法。毕竟在未来漫长的人生中，乐乐还会在很多情况下做出选择。也许今日从两个玩具里二选一，就是人生中一场小小的彩排吧。幸运的是，爸爸始终没有说出自己的方案，乐乐最终自己做出了最完美的选择。

孩子在一岁左右开始学习走路，他们每往前走一步都步履蹒跚，跌跌撞撞。有些爸爸担心孩子摔倒，会一直抱着孩子，或者用小推车推着孩子，结果孩子已经两三岁了，走路还是不稳。有些爸爸懂得要对孩子放手，因而任由孩子自己往前走，哪怕看到孩子摔倒了，只要确保孩子是安全的，他们也不会紧张地去扶起孩子。正是在此过程中，孩子走得越来越稳，越来越好。引导孩子做出决策也要经历这样的过程，没有人能够保证自己的选择是绝对正确的，孩子也是如此。爸爸要像教会孩子走路一样，耐心地教会孩子权衡利弊，做出抉择。每当孩子被事实证明是自己决策失误的时候，爸爸还要引导和启发孩子独立思考，自行改进。记住，切勿一味地批评孩子，否定孩子，也不要不耐烦地代替孩子去做。任何人都不能代替孩子成长，爸爸也是如此。只有爸爸不包办，孩子才能更自主。

# 做赋能型爸爸，给孩子力量

不得不说，很多爸爸就像是行走的负能量团，总是给孩子带来负能量，使孩子在成长过程中常常感到沮丧，灰心丧气。明智的爸爸会积极地改变自己的心态，在有了孩子之后注意树立榜样形象，也会注意改变自己不当的行为举止，最终变身为赋能型爸爸，给孩子带来更多的表率力量。细心的朋友们会发现，有些孩子精神倦怠，缺乏自信，做什么事情都提不起兴致，而有些孩子精神振奋，充满自信，对待很多事情都充满了生机和活力，哪怕遭遇失败的打击也越挫越勇。孩子为何会有这样迥异的表现呢？除去自身的性格因素外，与他们受到的家庭影响密切相关。和妈妈更多地照顾孩子的吃喝拉撒、衣食住行相比，爸爸则更多地在精神上引领孩子。所以爸爸对孩子的赋能作用是不容小觑的，甚至会改变孩子的心态，改变孩子的人生。

每一位爸爸首先要了解赋能的含义，才能积极地改变自己，成为赋能型爸爸。那么，何为赋能呢？从心理学意义上来说，所谓赋能，从字面上来理解，就是赋予某个人以力量。顾名思义，赋能型爸爸，就是爸爸赋予孩子力量。很多孩子都会有畏难的情绪，认为自身的力量不足，不能做好很多事情，不能达到自己原本设定的目标。在这种情况下，如果爸爸给孩子泼冷水，就会使孩子失去信心。如果爸爸给孩子激励的力量，给予孩子支持，那么孩子就会充满信心。任何事情，如果人们不去做，是不会有结果的。只要去做了，哪怕并没有如愿以偿地获得成功，也能从失败中汲取经验和教训，为下一次尝试做好准备。由此可见，赋能型爸爸是孩子信心和力量的源泉，会激发孩子的斗志，增强孩子的勇气，挖掘孩子的潜能，使孩子勇往直前。

　　学校举办运动会，甜甜报名参加了自己最擅长的运动项目——扔垒球。她虽然才上小学一年级，但是身体素质很好，力气很大。最终，她力战群雄，获得了扔垒球年级第一名的好成绩。当天下午放学回家，甜甜迫不及待地把自己得到的垒球奖状给爸爸看。爸爸看到奖状，非常慷慨地夸赞了甜甜。这个时候，甜甜有些失落地告诉爸爸："爸爸，虽然我扔垒球得了第一名，但是我的单元测试成绩不太好，只考了91分。"爸爸当然知道对于一年级的孩子而言，91分的成绩在班级里处于中等偏下。但是爸爸依然笑着鼓励甜甜："甜甜，一次考试不能代表什么，爸爸相信你下次一定能考出好成绩。你看，你扔垒球也有很多竞争对手，但是你一一打败了他们，获得了冠军。只要你在学习上也有这样不怕苦不怕累的精神，就一定会有很大的进步。"

　　在爸爸的一番鼓励之下，甜甜转忧为喜，脸上再次绽放出笑容。她向爸爸保证道："爸爸，你放心，我一定会更加努力学习的。我想好了，我要好好抄写生字词，这样下次就不会扣分了，至少能考95分。"爸爸由衷地笑了，给了甜甜一个大大的赞。

　　甜甜得了年级垒球冠军，原本兴致很高昂，却突然想起自己的单元测

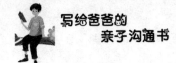

试成绩不佳，因而又很忐忑。如果爸爸不懂得赋能的意义，借着甜甜自我反省的机会批评甜甜学习不认真，考试不用心，那么甜甜的喜悦就会烟消云散。幸好爸爸很懂得给孩子赋能，非但没有批评甜甜，反而大力鼓励甜甜，还表达了对甜甜的信任。这让甜甜充满了信心，下定决心要在下一次考试中取得好成绩。其实，不管甜甜下一次考试的成绩如何，爸爸都已经达到了目的，那就是让甜甜充满正能量。

当然，成为赋能型爸爸并没有那么容易。尤其是那些已经习惯了给孩子泼冷水的爸爸，更是要从心改变，才能在这方面获得进步。具体来说，爸爸们可以从以下几个方面来努力：

首先，要完全接纳孩子本来的样子。在现实生活中，有不少爸爸都在幻想着拥有理想中完美的孩子，而对眼前真实鲜活的孩子视而不见。爸爸爱上的是他们想象出来的完美孩子，这对于孩子而言又是多么糟糕的现实！从现在开始，爸爸们再也不要活在自己的幻想中，要撩开幻想的面纱，看到眼前的孩子，他才是你最好的孩子。

其次，爸爸要拥有积极的心态，乐观地看问题。很多爸爸本身就很消极悲观，无形中就会影响孩子，还会不知不觉间给孩子负面评价。这样的爸爸带给孩子的是负能量，而非正能量，因此也就更谈不上对孩子赋能了。所以爸爸要先改变自己，乐观地面对生活中的困境，这样既给孩子树立了好榜样，也能对孩子赋予正能量，何乐而不为呢？

再其次，以身示范，越挫越勇。如果爸爸遇到小小的困难就选择放弃，那么孩子又怎么会一次又一次地尝试，从而让自己不达目的决不罢休呢？家庭教育最大的特点在于潜移默化，润物无声。爸爸每天和孩子在一起生活，朝夕相处，所以爸爸的一言一行、一举一动，都被孩子看在眼里记在心里，而这些自然也都在对孩子产生作用。爸爸们在当爸爸之前，也许可以畅所欲言、肆意妄为，但是在当了爸爸之后，时刻都要牢记孩子的眼睛正在看着自己，因而要谨言慎行，以身示范。越是在遭遇生活困厄的时候，爸爸越是要表现出莫大的勇气。

最后，爸爸要和孩子一起成长。现实生活中，很多爸爸都对生活非常懈怠，他们认为自己的人生已然是这样了，哪怕自己再努力，也不会有很大的改变。为此，他们或者安于还算不错的现状，或者对不满的现状牢骚满腹、怨声载道。但他们唯独忘记了人应该活到老学到老，始终坚持积极的学习和成长。谁说成年人就一定是无所不知的呢？当被孩子问住的那一刻，爸爸不仅要勇敢地承认自己的无知，也要积极地邀请孩子一起寻找答案。当孩子看到爸爸这么勤奋好学，这么求知若渴，他们也会不甘落后的。有怎样的父母，就有怎样的孩子，这是不变的真理。所以不管孩子出现什么问题，爸爸都要在第一时间反思自己。当家庭生活充满着浓郁的学习氛围，孩子自然就会努力上进；当家庭生活永远一成不变，那么孩子就会习惯于躺平。做不躺平的爸爸，才能培养出不躺平的孩子。如果爸爸能一马当先给孩子做好开路先锋，那么相信爸爸与孩子都不会迷失在现代社会内卷的大潮中，而是会坚定地走出属于自己的辉煌人生。

# 以幽默的方式与孩子沟通

在很多家庭里，爸爸都会板起面孔和孩子沟通，仿佛唯有如此才能显示出他们的权威，从而使自己在孩子心目中保持高大的形象。其实，这只是形式上的威严而已，如果爸爸总是一本正经、满脸严肃，就会使孩子产生距离感，使得他与孩子之间的关系生硬起来。显然，这并不利于亲子间的沟通，也不利于增进亲子感情。

很多爸爸都受到传统家长思想的影响，认为在家庭中爸爸就要严肃，妈妈就要慈爱，这样才符合严父慈母的家庭配置要求。其实不然。如今的孩子自我意识越来越强，他们渴望得到爸爸的尊重和平等对待，渴望能够与爸爸进行真正的讨论，也渴望自己被爸爸当作小大人并参与到家庭中。为此爸爸的思想也要顺应形势的发展，与时俱进，跟上孩子成长的脚步。例如，爸爸可以采取幽默的方式与孩子沟通，这比板起面孔声色俱厉地训斥孩子效果更好。

一直以来，爸爸习惯了严肃地教育乐乐，常常给乐乐讲述各种人生道理，告诫乐乐必须吃苦在前享乐在后，在乐乐犯错误的时候总是严厉地训斥。日久天长，乐乐不再像小时候那样害怕爸爸了，反而认为爸爸总是满脸严肃，就像面具人一样令人兴致索然。渐渐地，乐乐越来越不喜欢和爸爸沟通，对于爸爸所说的话，他也常常不以为然。

爸爸意识到了和乐乐之间的问题，于是报名参加了教育专家的讲座，希望找到有效的解决办法。讲座结束后，他特意咨询了专家相关的问题，这才知道自己也可以换一种方式与乐乐沟通。在专家的建议下，他决定以幽默的方式和乐乐沟通。但是，爸爸原本就是一个缺乏幽默感的人，如何才能幽默起来呢？思来想去，爸爸购买了好几本提升幽默力的书，认真阅读起来。

一天傍晚，乐乐和往常一样刚刚回家就要进自己的房间，爸爸却拉住乐乐要聊天。当乐乐说起白天在学校里与同学相处的趣闻时，爸爸没有像以前那样叮嘱和训诫乐乐，反而说："你这么一说，我都想坐着时光穿梭机回到少年时代了。要是我能变小就好了，你就可以把我装在口袋里，带着我一起去上学，我也就可以感受学校里欢乐的氛围了。"听到爸爸的话，乐乐惊讶地瞪大眼睛，半天合不上嘴巴。爸爸夸张地说："不要再瞪眼啦，瞪得和牛一样，吓人！"

从此之后，乐乐越来越喜欢和爸爸聊天。爸爸这才发现乐乐并不像表现出来的那样内向沉默，反而非常机智有趣。每当和乐乐聊天的时候，爸爸觉得满心轻松，他还说乐乐治愈了他压抑的童年呢！

爸爸为何会严肃地对待乐乐呢？也许正是因为在爸爸小的时候，爷爷也非常严肃。近几年来，关于原生家庭的话题热度一直很高，这是因为越来越多的人意识到原生家庭对一个人的影响程度之深，是不可估量的。幸运的是，如今，很多爸爸都有了自我反省的意识，他们能够意识到自己对待孩子的方式是错误的，因而及时采取有效的方法去改进家庭教育。比如事例中的乐乐爸爸始终戴着严肃的面具对待乐乐，也在不知不觉间忽视了

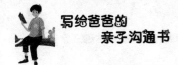

乐乐机智幽默的另一面。当爸爸敞开心扉，以幽默的方式与乐乐沟通时，乐乐也渐渐地放松下来，以幽默的方式回应爸爸。由此一来，亲子相处进入良性循环的状态，爸爸与乐乐之间的相处自然也越来越轻松愉快。

常言道，笑一笑，十年少。压抑的心情使人感到万分沉重，当我们哪怕只是假装微笑起来的时候，我们的心情就会真的变好。这个时候，如果身边的人对着我们微笑，说一些逗我们开心的话，我们就会真正满心喜悦。反之，也是如此。所以作为爸爸不要抱怨孩子总是满脸严肃，面色凝重，而是先要反思自己有没有以微笑面对孩子，有没有给予孩子和谐的家庭氛围和成长环境。爸爸只有先做到自己该做的，孩子才会给予爸爸更好的回应。

爸爸要想幽默地与孩子沟通，就要做到以下几点：

第一，紧跟孩子成长的脚步，了解孩子的心思，掌握孩子的语言。如今，很多孩子都喜欢使用网络流行语，如果爸爸对于这些语言听都听不懂，那么孩子自然不愿意和爸爸交流。爸爸只有紧跟时代的脚步，跟紧孩子的脚步，说些孩子愿意听的话，才能听懂孩子话中的梗，领略到孩子的幽默魅力。

第二，爸爸要坚持学习和成长，积累更多的素材。只有博学多才的爸爸才能真正拥有高级的幽默。很多爸爸认为幽默就是和孩子开玩笑，这是对幽默的误解。幽默是智慧的最高表现形式，与低俗的玩笑是截然不同的。所以爸爸不要觉得看几本笑话书就能变幽默，爸爸必须坚持阅读，坚持学习，坚持成长，才能让自己真正幽默起来。

第三，爸爸要以轻松的心态平等地对待孩子。很多爸爸都会不由自主地压制孩子，使得孩子不敢和爸爸吐露心声，更不敢在爸爸面前表现出自己幽默的一面。爸爸只有营造民主和谐的家庭氛围，以尊重的姿态赢得孩子的尊重和信任，才能与孩子更深入地交流。当爸爸和孩子能够在一起谈笑风生的时候，父子俩就拥有了不可与他人言说的秘密和快乐。

第四，爸爸要允许孩子和自己开玩笑。很多爸爸都以高高在上的家长角色自居，认为孩子对爸爸必须毕恭毕敬，不能随意地开玩笑。有时候，孩子和爸爸开玩笑，非但没有逗笑爸爸，反而招致了爸爸的批评。可想而知，在有过这样的经历后，孩子当然也不会再愿意和爸爸开玩笑了，爸爸自然也就无法和孩子玩幽默了。有些孩子年纪小，不懂得分寸，一旦和爸爸谈得高兴，他们就会忘记分寸。在这种情况下，如果孩子说出了一些出格的话，爸爸不要当即就严厉地批评孩子，以免破坏交谈的氛围。爸爸可以记住孩子不当的言辞，等到交谈结束之后，再轻描淡写地告诉孩子那些话是没有礼貌的，尤其不能对长辈说，这样不仅能让孩子更容易接受，也能避免孩子再次犯同样的错误。

幽默的沟通，深受孩子和爸爸的欢迎，但这离不开孩子和爸爸的共同努力。在亲子沟通的过程中，很多时候都是爸爸破坏了交谈的氛围，板起面孔训斥孩子，使得沟通的风格突然转变。要想与孩子一起享受幽默的沟通，爸爸就要率先做出改变，给孩子做好榜样，这样孩子才会感受到爸爸的用心，也能积极地配合爸爸。当亲子沟通越来越幽默，充满欢声笑语，爸爸与孩子的相处就会更加愉快。

# 关注孩子内心真实的需求

在现实生活中，有很多爸爸一旦遇到被孩子对抗或者遭到孩子质疑的情况时，就会下意识地说："我都是为了你好。"可是这样的"为了你好"却并不是那么让人信服，甚至还会让人产生疑问：为了孩子好，爸爸就可以厉声训斥孩子？为了孩子好，爸爸就可以勉强或者压制孩子？为了孩子好，爸爸就可以对孩子的真实需求置之不理，而只要求孩子必须达到自己的标准？其实在亲子沟通中遇到矛盾冲突时，哪怕真的是为了孩子好，爸爸也不应该只关照自己的需求，而忽略了孩子的需求，或者刻意地对孩子的需求选择性视而不见。

看到这里，爸爸也许会觉得很委屈：我为了孩子一直在努力，我愿意给孩子我的一切，我哪里只是关照自己的需求了？感到委屈的爸爸们，你们可曾问过孩子想要什么，需要什么，向往什么。如果爸爸从来不曾关心过孩子内心深处真实的需求，那么爸爸就是在关照自己的需求。

比如：孩子睡前想听故事，爸爸以自己上班累为由而拒绝，并要求孩子每天看一本书。比如：爸爸吃冷饮、甜品，却告诉孩子，这些东西对牙齿不好等。只要认真想一想，爸爸就会发现很多需求实际上都是自己的需求，而自己却打着爱孩子的旗号强求孩子去完成爸爸的心愿，满足爸爸的需求。

面对孩子的不配合，为了满足自己的需求，很多爸爸还会细腻地打起苦情牌。他们会苦口婆心地告诉孩子："爸爸小时候，吃不饱穿不暖，想要上学家里却没钱交学费，只能自己利用假期卖冰棍赚钱。"爸爸的言外之意是：孩子啊，你如今条件这么好，衣食无忧，想要什么就有什么，又不用自己辛苦赚学费，怎么就不能好好学习呢？的确，和爸爸相比，孩子仿佛没有理由不好好学习。殊不知，爸爸这样的做法不仅是在说服孩子，也是在"绑架"孩子。在爸爸这样的说辞之下，孩子无法拒绝学习，无法坚持玩乐，否则就会对爸爸产生愧疚感。

　　也有的爸爸不是从经济方面进行说服，而是从自己的感情欠缺上来进行阐述的。爸爸说的时候满腹委屈，不但感动了孩子，更感动了自己。爸爸往往会说："我们小时候家里的兄弟姐妹很多，爷爷奶奶既要照顾那么多孩子，还要做好工作，除了能勉强抽出时间做好饭菜之外，根本没有心思关爱我们。有一次全家人正在外面纳凉睡觉，突然就下大雨了，爷爷奶奶火速把六个熟睡的孩子抱到屋里，却忘记了我还在雨地里，我就这样淋着雨睡了一整夜。"听完爸爸这种"卖惨"的话，孩子是否马上就觉得自己特别幸福，集万千宠爱于一身呢？答案是未必。当然，孩子也会很担心当时年幼的爸爸淋雨之后会不会感冒。

　　心理学家研究发现，很多爸爸之所以给孩子买大量的玩具，恰恰是因为他们在童年时期从来没有玩具玩；很多爸爸之所以特别娇纵宠溺孩子，恰恰是因为他们在童年时期没有得到父母的宠爱；很多爸爸之所以强求孩子必须考上好大学，恰恰是因为他们当年没有考上好大学；很多爸爸之所以强制要求孩子喝牛奶长得更高，恰恰是因为他们本身很矮小，也因此而被困扰……这下真相大白了吧，爸爸看重什么就要求孩子做什么，爸爸缺

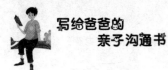
少和需要什么就给予孩子什么。归根结底，他们把岁月曾经亏欠他们的，一股脑地都补给了孩子，而从未想过现在的孩子衣食无忧，是否和他们一样缺少那些东西。

很多爸爸之所以和孩子发生矛盾，恰恰是因为爸爸忽视了孩子的真实需求。如果爸爸能够意识到这一点，真正发自内心地关心孩子，爱护孩子，那么爸爸与孩子之间的关系就会得到很大的改善，亲子相处也会更加愉快。在目前的状态下，很多爸爸之所以没有改变，不是因为他们不愿意改变，而是因为他们还没有意识到自己始终在关照自己的需求，始终在按照自己所希望的标准来要求孩子。在意识到这个问题之后，希望爸爸们都能做出积极的改变。

# 谁说爸爸不能向孩子道歉呢

　　绝大多数爸爸都认为，在与孩子沟通的过程中，自己哪怕犯了错误，也坚决不能向孩子道歉。当然，能意识到自己犯了错误，对于一些爸爸而言，这已经是很大的进步了。但是更多的爸爸却是缺乏自我反省的意识，坚决认为自己是正确的，因而也很难意识到自己的错误，更别说向孩子承认错误，继而向孩子道歉了。爸爸向孩子认错和道歉，恰恰表现出沟通的平等性，意味着爸爸在亲子沟通中能够准确地给自己定位，也以尊重的态度对待孩子。如果在爸爸和孩子之中，不管发生怎样的情况，都只有孩子在道歉，那么这样的沟通就是不平等的，就是处于失衡状态的。

　　曾经有人专门询问了很多孩子："爸爸妈妈什么时候最可爱？"孩子的回答五花八门，但是却又都明显地指向核心，即爸爸妈妈像孩子一样和孩子玩耍的时候最可爱，能够向孩子承认错误并且真诚道歉的时候最可爱。这充分说明了孩子渴望得到爸爸妈妈的平等对待。如果说孩子喜欢和爸爸妈妈一起玩，是孩子的童心在发挥作用，那么孩子喜欢爸爸妈妈向他们道歉，则说明孩子和成人一样渴望被尊重，被平等对待。然而，对于爸爸而言，向孩子承认错误的感觉并不妙，向孩子道歉的感受更是很难受。在有着传统思想的爸爸心中，自己是长辈，孩子是小辈。他们会以"天下没有不是的父母"为由来反驳孩子，以此捍卫自己所谓的威严。试问，如

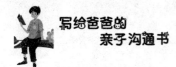

果孩子知道爸爸自知犯了错误而不愿意承认，更不愿意道歉，他们会如何评价爸爸呢？原本，在他们的心目中，爸爸的形象是非常高大的，但此刻在他们的心目中，爸爸的形象却瞬间渺小起来。有些孩子会觉得爸爸很胆小，不够勇敢，有些孩子会质疑爸爸是否经常明知错了而拒绝道歉。在这个过程中，爸爸们是为了避免在孩子面前丢面子才故意不道歉的，却没有想到这样的做法让自己更加失去了家长威严。

　　一天，爸爸开车带着乐乐去公园玩。到了公园，爸爸发现原本免费的公园居然开始收门票了，便有些不情愿地买了两张票带着乐乐进入公园。乐乐在进门处的玩具摊旁边流连忘返，爸爸劈头盖脸地数落乐乐："我警告你，我们是来逛公园的，不是来买玩具的！不许买玩具！"听到爸爸的话，乐乐觉得很丢脸，赶紧离开玩具摊朝着公园里面走去。一路上他一直闷闷不乐，对逛公园也没了丝毫兴致。爸爸感到莫名其妙，只好询问乐乐原因，可乐乐都不肯说。在爸爸的再三追问下，乐乐才说："我刚才只是看看玩具，并没有想买。你当着别人的面就那样说我，觉得合适吗？如果你是我，你会怎么想？"

　　在乐乐的一番质问下，爸爸意识到自己刚才的确有些过分，还没有确定乐乐真的要买玩具呢，就数落乐乐，警告乐乐。他看着委屈的乐乐，说道："对不起，乐乐，我做错了。我应该先看看你是否真的想买玩具，再小声告诉你不能买玩具。"原本只是噘着嘴巴生气的乐乐，听到爸爸真诚的道歉，再也忍不住眼泪了。他感动地对爸爸说："爸爸，你是在向我道歉吗？"爸爸郑重其事地点点头。乐乐又说："爸爸，我接受你的道歉。其实，也没关系啦！"让爸爸感到惊讶的是，乐乐不仅恢复了良好的情绪，而且还更加亲近爸爸了。就这样，父子俩高高兴兴地在公园里玩了起来。

　　如果爸爸不接受乐乐的指责，也不愿意向乐乐道歉，那么乐乐整个上午都会郁郁寡欢，也会因此而疏远爸爸。幸好爸爸觉察到乐乐情绪异常，及时询问乐乐，并且真诚地向乐乐道歉，才挽回了局面。

　　对于事例中发生的情况，换一个爸爸，也许就会拒绝向孩子道歉，反而质问孩子："谁让你在玩具摊那里逗留的？你说你只是看看，我要不是提前给你打预防针，你很有可能就会提出要买玩具。"爸爸的推理也许正确，也许是误会了孩子，但是在事情没有发生之前，爸爸是没有权力凭着主观的想象批评孩子的。所以归根结底还是爸爸错了，爸爸理应向孩子道歉。爸爸如果为自己狡辩，强词夺理想要"洗白"自己，只会失去自己在孩子心目中的威严，使孩子很不服气。

　　爸爸要记住，当爸爸能勇敢地向孩子承认错误，并且真诚地向孩子道歉时，爸爸的威信不仅不会降低，反而能在孩子面前提升威信，赢得孩子的尊重和信任。反之，如果爸爸在意识到错误的情况下依然拒绝向孩子道歉，那么爸爸就会失去孩子的信任，在孩子心目中的威信自然也会降低。经过这样一番分析，相信明智的爸爸们一定会做出正确的选择！

　　需要注意的是，如果爸爸道歉了，孩子也依然表示不理解或者不能接受，那么爸爸还要做一件事情，即"解释"。在现实生活中，太多的爸爸已经习惯于向孩子发号施令，强令孩子接受他们的安排，而从来不去解释自己为何要发出指令或者做出安排。在对爸爸的这种行为进行分析之后，我们就会发现爸爸之所以这么做，是因为他们并没有考虑孩子的感受，而只想达到自己的目的。例如，爸爸要求孩子不能打人，却没有告诉孩子

为何不能打人；爸爸要求孩子要好好学习，却没有告诉孩子为何要好好学习；爸爸要求孩子要按时起床，却没有告诉孩子为何要按时起床……长此以往，孩子变成了只会接受爸爸指令的机器，并且还可能随着不断成长而想方设法地与爸爸对抗。

爸爸要学会对孩子换位思考。作为指令的发布者，爸爸当然知道自己为何要对孩子发出指令，但是作为指令的接受者，孩子却未必知道爸爸为何要发出那样的指令，自己又为何一定要按照爸爸所说的去做。如果爸爸能常常解释给孩子听，让孩子理解爸爸的用意，那么相信孩子会更愿意采纳爸爸的建议，也会在爸爸犯错之后更主动地原谅爸爸，体谅爸爸。

# 让孩子成为家庭的小主人

在很多家庭中，爸爸是家庭的主宰者，他们承担起养家糊口的重任，不知不觉间也掌握了家庭生活中至高无上的"权力"。他们习惯于安排全家所有的事情，习惯于为孩子做好一切。然而，他们唯独忽略了孩子需要的不仅仅是无微不至的照顾，还有尊重。而孩子作为家庭的一员，也没有享受到任何作为家庭小主人的权利。

作为爸爸，当然希望孩子能够健康快乐地成长，成为独立自信的人。然而，独立自信并不是孩子天生就具有的品质，而是需要在孩子成长的过程中渐渐地形成的。如果爸爸没有培养孩子当家做主的意识，孩子就会永远依附于爸爸，凡事都要靠着爸爸的帮助才能做好。为了让孩子成长得更快，在人生的道路上走得更远，爸爸应该肩负起培养孩子的独立性、责任心和担当意识的责任。要做到这一点，首先要让孩子参与到家庭事务中来，让其成为家庭的小主人。

孩子作为家庭的一员，家长们尤其是爸爸应让孩子参与家庭事务，在家庭讨论中，也应给孩子投票权，爸爸不能再在家里搞"一言堂"了。说起让孩子"参政"，很多爸爸都会感到惊讶：孩子那么小，连自己的事情都处理不好，怎么能"参政"呢？孩子虽然小，但也是家庭一员。如果爸爸先入为主地否定了孩子的"参政"权，那么孩子永远不能拥有"主人

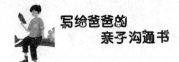

翁"的责任和担当意识，也永远不能成为家庭的主人。爸爸要有意识地培养孩子的小主人翁意识，积极邀请孩子参与家庭事务的决策。爸爸切勿把平等对待孩子作为口号挂在嘴边，而是要懂得真正的平等是心灵的平等、人格的平等、权利的平等。只有在思想意识上平等地对待孩子，爸爸才能平等地与孩子沟通，也才能平等地与孩子相处。

乐乐读小学四年级了。为了让乐乐以后能进入更好的初中就读，爸爸妈妈决定卖掉现在住的房子，换一套初中的学区房。为了换房，爸爸妈妈商议了好几次。一则是因为学区房很贵，房龄很老，二则是因为换了学区房就要搬过去住，乐乐读小学的最后一年会比较辛苦。爸爸妈妈商量来商量去，也没有商量出好办法。爸爸认为男孩子吃苦没关系，妈妈却不甘心把家里的大房子换成老破小的学区房。后来，爸爸一拍脑门，对妈妈说："咱俩永远这样一比一，根本商量不出结果来。不如让乐乐发表一下意见，或者给咱俩投票吧。"

爸爸当即找到乐乐，说了换房的两个方案，不想，乐乐却说："你们没有必要换学区房了，为了我委屈全家人，我可不愿意。我想就读咱们现在房子对面的初中，或者我多多努力，争取考上重点初中。"听了乐乐的话，爸爸妈妈难以置信地互相对视。他们怎么就没有想到让乐乐考取重点初中呢？难道是不相信乐乐的实力？果然，爸爸担忧地说："万一考不上重点初中，可就只能上对面的普通初中了。"乐乐不以为然地说："首先，对面的初中并非很差，只是非重点初中而已。其次，很多农村的孩子学习条件那么艰苦，都能出人头地，我就算上对面的初中也比他们的条件好多了，我为什么不能呢？"就这样，乐乐极力说服爸爸妈妈，他感慨地说："你们千万不要为了我举家搬迁到老破小，否则我的压力太大了，说不定发挥会更糟糕呢！"爸爸转念一想，也认为要激发乐乐的能量和斗志，因而打消了换学区房的想法。

　　在这个事例中，爸爸妈妈一门心思想为乐乐换学区房，却没想到乐乐很有可能凭着自身的努力考入重点初中，也没有想到换房会给乐乐带来多么大的压力。其实，孩子能否成才，只有小部分取决于外因，而大部分都取决于内因。父母固然要为孩子提供更好的条件，却没有必要因此而影响全家人的生活。只要为孩子提供中上等的条件，让客观条件不至于影响孩子的主观发挥，父母就已经对孩子尽到了责任和义务。有了乐乐的表态，换房问题迎刃而解。而乐乐呢，也因此在学习上有了更为强劲的动力。他深知自己只要考上重点初中，所有的问题就会圆满解决。

　　很多爸爸都觉得孩子还小，没有能力处理好很多事情，为此他们会不知不觉地对孩子怀有忽视的态度，默认为孩子不能提供任何具有参考意义的意见。实际上，孩子尽管很小，却有自己的思想和主见。当爸爸因为一些问题而被困扰住，甚至走进思维的死胡同时，何不询问孩子的意见呢，说不定孩子还能脑洞大开地启发爸爸的思路，让爸爸豁然开朗呢！越是在难以决策的时候，越是要询问孩子，也许孩子给出的意见并不合理，但这也是孩子智慧的结晶和思考的后果。爸爸越是给孩子更多的机会当小主人，孩子就越是会更快地成长起来，成为真正的小主人。

# 爸爸也要示弱，寻求孩子的帮助

　　在很多孩子的心目中，爸爸都是非常强大的，仿佛无所不能。而在所有爸爸的心目中，也认为自己就该是全能的，永远也不能示弱。他们误以为唯有如此，才能成为孩子心目中的英雄，才能在孩子的心中树立自己高大的英雄形象。爸爸固然要勇敢地为孩子支撑起一片天空，但也要学会适当示弱，在必要的时候还要寻求孩子的帮助，这样孩子才会感受到自己是被需要的，也能体现自己存在的价值和意义。被需要，是孩子非常需要的一种感受，也是很多人存在的理由。太多的爸爸一味地对孩子付出，已经习惯于为孩子安排好一切，代替孩子解决所有难题，却唯独忽略了要向孩子示弱。

　　有些爸爸会担心：一旦我向孩子示弱，孩子就不再把我看得高高在上，也不再崇拜我怎么办？可是又有谁规定过爸爸只能得到孩子的崇拜，而不能得到孩子的帮助呢？爸爸要从这样的思想误区里走出来，学会示弱，学会求助，更多地关照到孩子的情感和精神需求。

　　妈妈出差了，只有爸爸和乐乐在家。周五晚上，爸爸兴致勃勃地告诉乐乐："乐乐，明天我们一起出去吃必胜客吧，好吗？"乐乐高兴得一蹦三尺高，说："好啊，好啊！我都很久没有吃必胜客了。"

周六一大早，乐乐就起床了。他跑到爸爸的卧室里，摇晃着爸爸，说："爸爸，咱们去吃必胜客吧。"爸爸哼哼唧唧地说："我感到头痛欲裂，浑身发烫。""咦？这不是感冒发烧的症状吗？"乐乐紧张地说。他当即找出体温计为爸爸测量体温，结果测出爸爸的体温高达三十八摄氏度。乐乐想陪着爸爸去医院，爸爸却很担心乐乐，说："还是不要去医院了，别再把你传染感冒了。你乖乖去玩吧，暂时去不了必胜客了。"

过了一会儿，乐乐又来看爸爸。他想给爸爸冲杯麦片，爸爸却毫无胃口。乐乐发愁地问："爸爸，我能为你做点儿什么呢？"爸爸虽然发烧了，却并不糊涂。他突然想到自己应该让乐乐做些什么，让乐乐帮助自己。这么想着，他对乐乐说："要不，你去药店帮我买点儿退烧药和感冒消炎药吧！"乐乐很乐意帮助爸爸，当即就拿来一张纸，记下了爸爸说的药物名称。很快，他就买回来各种药物，还细心地倒了一杯温水，给爸爸吃药。爸爸感动地说："儿子，有你真好！"整个下午，乐乐都乖乖地在房间里写作业，时而来到爸爸的房间，查看爸爸的情况，还像爸爸妈妈照顾生病的他那样，给爸爸倒水、洗水果等。到了深夜，爸爸终于退烧了，乐乐才放心地去睡觉了。

自从发生了这件事情之后，爸爸觉得乐乐仿佛长大了，不再像小时候那样处处都依靠爸爸，反而就像真正的男子汉那样时常照顾爸爸和妈妈。妈妈很惊讶乐乐的改变，爸爸却对此心知肚明。

乐乐为何突然之间长大了呢？是因为此前爸爸妈妈一直照顾他，他没有机会表现出自己的力量。而妈妈不在家的时候爸爸感冒了，乐乐正好找

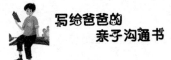
到机会表现出自己的能力，也因为意识到自己被爸爸需要而找到了自身存在的价值，为此他才会变得越来越懂事。在现实生活中，很多孩子原本总是给爸爸妈妈带来麻烦，却能在家里发生重大的变故之后一夜之间长大，就是因为如此。

那么，何必要等到家里发生重大变故才给孩子机会长大呢？作为爸爸，一定要及早给孩子提供这样的机会，主动向孩子示弱，寻求孩子的帮助。孩子之所以长大，不是因为他们具有了怎样的能力，而是因为他们意识到自己是被需要的，是被他人依靠的。这使孩子找到了人生的价值和意义，也为自己的存在而感到暗自庆幸。

具体来说，生活中的哪些情况下，爸爸应该向孩子求助呢？

首先，爸爸生病的时候。人在生病的时候总是特别脆弱的，需要得到他人的照顾。平日里，一直是爸爸在照顾孩子，那么借助生病的机会，何不让孩子也照顾爸爸呢？当孩子处于照顾者的角色去努力做好很多事情，他们就会意识到爸爸照顾他们多么辛苦，多么耐心，多么细致，也会更加感激爸爸。

其次，有突发情况的时候。面对突发情况，爸爸必然一马当先去解决问题，这个时候，如果家里还有更小的孩子，就可以托付给大的孩子照顾。爸爸要是必须马上离开家去完成紧急的工作任务，还可以留下孩子看家。孩子不怕承担责任，因为承担责任使他们觉得自己长大了，觉得自己是被需要的。重要的是，爸爸要给孩子机会去承担责任，也要信任孩子，对孩子委以重任。

再其次，面对很多小事时。如果爸爸面对自己都无法解决的问题，却向孩子求助，那么孩子必然更加无能为力。所以爸爸更应该做的是向孩子寻求小小的帮助，且这样的帮助应该是在孩子的力所能及范围之内的，这样才能使孩子在完成这样的事情后有成就感和价值感，从而让孩子更有自信。

总而言之，没有谁可以一直坚强，每个人心底里总有最柔软的地方，每个人也总会面临自己无法做好的事情。俗话说，一根筷子被折断，十根筷子抱成团。爸爸和孩子不仅是父子关系，是朋友关系，是亲人关系，还可以是同盟和战友的关系。当爸爸和孩子齐心协力一起攻克难关，爸爸与孩子就建立了深厚的同盟关系，亲子感情也就会变得更加坚不可破。

# 多与孩子真正地"讨论"

　　很多爸爸都以为自己做到了遇事征求孩子的意见，在有意见分歧的时候能和孩子一起讨论，却没有意识到他们只是在与孩子进行虚假的讨论。那么，何为虚假的讨论呢？意思就是爸爸借着讨论的名义，试图说服孩子。爸爸一直在说自己所关注的话题，而对孩子的表达选择性地听不见。和爸爸不愿意被人强行说服一样，孩子也不愿意被人说服。爸爸之所以常常与孩子进行虚假的讨论，是因为他们误以为孩子很好说服，很好糊弄。现实情况却是，孩子的心中有着自己的标准，对于爸爸所说的话，他们会进行思考和衡量。

　　很多细心的爸爸都会发现，孩子小时候对爸爸言听计从，爸爸说什么就是什么，但是随着不断长大，他们越来越有主见，常常试图违抗爸爸的意思，坚持按照自己的想法去做。爸爸将孩子的行为定义为越来越不听话，却没想到这是孩子的自我意识不断增强的表现。当发现曾经的"命令"不再是管理孩子的灵丹妙药时，爸爸接下来要做的不是强求孩子，压制孩子，而是要学会真正地和孩子讨论问题，协商解决问题。

　　有一天放学回到家里，乐乐高兴地告诉爸爸："爸爸，学校里组织夏令营。"爸爸听到这个消息，第一时间就想表示否定，因为他认为那些年轻的老师根本不懂得如何照顾和保护孩子。然而，他知道自己不能当即表示否定，所以问乐乐："哦，你想参加吗？"乐乐毫不迟疑地点点头，爸爸开始滔滔不绝地说参加夏令营有可能遇到的麻烦事和有可能受到的伤害。乐乐敏感地觉察到爸爸的态度，找了个借口就回到房间，不愿意和爸爸沟通。

乐乐把自己关在房间里写作业，爸爸坐在客厅的沙发上不由得反思自己的表达。他意识到自己犯了先入为主的错误，一开始就想说服乐乐打消参加夏令营的念头，所以所说的一切话都是为了实现这个目的。看到乐乐的表现，爸爸心中有数。晚上，爸爸又找了个机会和乐乐沟通，真正征求乐乐的意见。乐乐说了很多参加夏令营的好处，最后总结道："爸爸，我长大了，我会照顾自己的，不用都靠老师照顾。你放心吧！"爸爸认可了乐乐的话，承认参加夏令营能够得到锻炼，他建议乐乐列举参加夏令营的好处和弊端，并且允诺只要乐乐下定决心，他不会横加阻拦。乐乐开心地笑了。

爸爸意识到了自己正在以虚假的讨论试图说服乐乐，所以当即改变了态度，这样才能改变乐乐对他的印象，使得与乐乐之间的误解得以消除。很多爸爸都会这样，看似是在和孩子讨论，实则是在试图说服孩子。作为爸爸，面对着日渐成长的孩子，更应该尊重孩子的意见，支持孩子的决定。

那么，如何区分虚假的讨论和真正的讨论呢？它们之间最根本的区别在于，在虚假的讨论中，爸爸已经设定了讨论的结果，而在真正的讨论中，是没有标准答案的。换而言之，虚假的讨论目的在于说服孩子，而真

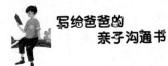

正的讨论目的在于明确什么才是孩子想要的。虚假的讨论就像是闭环，而真正的讨论则是开放式的，有无限可能，所以孩子才能自由发挥，诉说自己真实的想法，争取得到自己想要的结果。

要想坚持与孩子进行真正的讨论，爸爸要做到以下几点：

第一，在进行讨论的时候，爸爸不要高高在上，而要把自己放在和孩子平等的地位上，尊重孩子的想法，采纳孩子的合理建议，也给孩子更大的决策自由。前文说过，很多爸爸都在关照自己的需求，而忽视了孩子的需求。实际上，在进行亲子沟通的时候，爸爸更应该注重关照孩子的需求，也放下自己的好胜心，开诚布公地和孩子交谈。

第二，在讨论进展到一定阶段的时候，鼓励孩子说出他们的想法，而不要强求孩子必须接受爸爸的想法。虽然孩子的能力有限，但是他们终究要面对属于自己的人生，爸爸与其一直代替孩子做决定，不如放手让孩子自己做决定。哪怕决定是错的，孩子也能从中得到教训，避免再次犯同样的错误。这么做，一则是尊重孩子，平等对待孩子的表现；二则可以激发孩子的自主性，让孩子变得积极主动。很多孩子都会故意与爸爸作对，但是对于自己的决定，他们却会更乐意执行。真正高明的爸爸，即使自己的观点和孩子不一致，也会在孩子不知不觉的情况下，把自己的观点变成孩子的观点，这样孩子才会乐于执行。

第三，在进行真正讨论的过程中，爸爸要坚持对孩子提出开放性问题，给孩子更大的空间畅所欲言，进行回答。很多爸爸习惯于以封闭式提问或者选择式提问问孩子，这样的提问方式极大地限制了孩子的自主思考，使孩子只能在爸爸给出的选项中做出选择，或者回答是与否。而开放式提问，使孩子的回答天马行空、入地思考。

第四，爸爸要学会放下一些东西。对于原则性问题，爸爸可以对孩子表明自己的立场和态度；而对于非原则性问题，何必要处处对孩子加以限制呢。在这个世界上，很多问题都没有标准答案，也不像数学计算题那样只有唯一的答案。即使面对同一个问题，因为不同的人有不同的考量，从不同的出发点出发，他们都会做出不同的选择。爸爸与孩子就是完全独立的生命个体，爸爸要尊重孩子的个性化思考，支持孩子的个性化决定，给予孩子个性化的发展空间。

第五，不要对孩子提出过高的要求，更不要奢望孩子完美。没有人是完美的，又何必要求孩子完美呢？爸爸本身就没有达到自己期望的高度，何必要求孩子达到爸爸期望的高度呢？人生原本就面临诸多坎坷挫折，最好的做法是放下执念，不再与自己较劲，也不再与孩子较劲。如今，很多爸爸都陷入教育焦虑的状态中，就是因为爸爸对孩子有太多执着的期望不能放下。

总而言之，爸爸要做到与孩子进行真正的讨论，在讨论的过程中和孩子各抒己见，也真正接纳孩子的想法。唯有如此，才能避开虚假讨论的陷阱，也才能推动亲子沟通顺畅地进行下去。

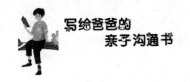

# 孩子的"势力范围"不可侵犯

人与人之间是有边界的。在孩子小时候，爸爸和妈妈一起无微不至地照顾孩子，事无巨细地为孩子代劳，只想让孩子生活得更加舒适一些，这无可厚非。然而，随着孩子不断成长，父母对待孩子的方式没有改变，依然全方位地呵护孩子，那么就会引起孩子的反感。对此，父母常常会感到委屈：我做的一切都是为了你，难道还有错了吗？的确，孩子曾经很孱弱，必须得到父母的照顾才能生存，但此一时彼一时，现在孩子不断长大，自身的能力得以提升，自我意识不断增强，所以他们渐渐地远离父母，因为他们想要成为更加独立的自己。如果父母没有意识到孩子的成长，也没有跟上孩子成长的脚步，那么渐渐地父母与孩子之间的矛盾和冲突就会接二连三地发生。大多数父母都将其归结为孩子越大越不听话，却没想到是自己给孩子的爱已经不再是孩子所需要的了。

和妈妈一样，很多爸爸对孩子也没有界限感。这使得他们总是在无意间侵入孩子的"势力范围"，对孩子造成各种困扰。其实，只需要换位思考一下，爸爸就会知道自己同样不喜欢被孩子入侵"势力范围"。既然如此，爸爸为何不把握好与孩子之间的界限，给孩子更多的尊重和自由空间呢？在婚姻生活中，丈夫和妻子各有各的"势力范围"；在家庭生活中，爸爸与孩子各有各的"势力范围"。爸爸经营自己的"势力范围"，孩子也开始经营自己的"势力范围"。然而，生6活的常态却是，孩子很少入侵爸爸的"势力范围"，爸爸却会随时随地入侵孩子的"势力范围"。爸爸一直在给孩子制定规矩，自己却成为规矩的破坏者，这便是典型的"只许州官放火，不许百姓点灯"。当爸爸扰乱了孩子的生活规律时，孩子当然会非常恼火。

　　周五，乐乐早早地放学回家，便一头扎进房间里打开笔记本电脑开始玩游戏。看到乐乐玩得投入，爸爸决定暂时不干涉乐乐，他也想看看乐乐能否主动控制好玩游戏的时间。然而，爸爸等了半个小时，乐乐也没有结束游戏的意思。爸爸不由得着急起来，在乐乐的房间外不停地转来转去，欲言又止。乐乐看到爸爸探头探脑，问爸爸："爸爸，你有事情吗？"爸爸灵机一动，问乐乐："乐乐，你要吃点儿水果吗？"乐乐把头摇得和拨浪鼓一样，连声说道："不吃，不吃。我玩游戏正投入呢，没有时间吃水果。"

　　爸爸借此机会又问道："乐乐，这个游戏要玩多长时间才会结束？"乐乐突然领悟到爸爸的意思，说："大概两个小时，这是联机游戏。我等晚上吃完饭洗完澡再开始写作业。"爸爸再也按捺不住，开始发表意见："乐乐，玩两个小时游戏，时间太长了吧。你应该利用今天晚上完成一部分作业，毕竟我们周日要去参加表哥的婚礼呢，周日一整天都没有时间写作业。"乐乐说："我知道。我今晚会完成一部分作业，明天上完课外班再完成一部分。我一定能在周日之前全部完成，放心吧。"爸爸还是不死心，说道："要不你玩一个小时游戏吧，多一个小时写作业。"乐乐终于厌烦了，说道："爸爸，这个游戏就是要玩两个小时，两个小时是一局，我总不能玩半局吧。况且

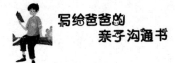

我平日里从来不玩游戏，到了周末也该放松一下。"爸爸被乐乐一顿抢白，努力控制住自己的情绪才没有和乐乐吵架。他如坐针毡，直到两个小时之后乐乐按时结束游戏，吃完饭洗了澡又如约开始写作业，爸爸才放下心来。

在这个事例中，爸爸就侵犯了乐乐的"势力范围"。正如乐乐所说，如果他平日里从不玩游戏，而且也已经预留了时间完成作业，爸爸还有什么必要干涉他呢？不过，爸爸也有可圈可点之处。那就是他在被乐乐抢白之后意识到自己干扰了乐乐，而且试图剥夺乐乐的正常娱乐，所以并没有因此而生气地与乐乐争吵，而是尊重乐乐的决定。就这样，一场战争消散于无形。这就是爸爸与孩子相处的智慧。如果爸爸在一开始就把握好边界分寸，不要试图对乐乐横加干涉，那么他们相处得就会更加愉快。

为了与孩子之间保持边界，爸爸要学会放手，让孩子专注地经营好自己的"势力范围"。举个简单的例子，孩子不希望爸爸不定期抽查他的房间，偷看他的日记，爸爸就要尊重孩子，不要做出侵犯孩子的举动。对于孩子而言，房间、日记等都是他的"势力范围"。有些孩子特别爱干净，会把房间收拾得井井有条，让爸爸看起来赏心悦目，爸爸自然不用帮助孩子打扫。有些孩子则不喜欢打扫房间，但是东西放在哪里他们心中有数，一旦爸爸帮忙打扫，他们反而找不到想找的东西了。在这种情况下，只要孩子拒绝，爸爸就不要强求帮助孩子打扫房间了，否则就会费力不讨好，还有可能引发争执和矛盾。再如，孩子已经长大了，学会了合理安排作业。爸爸如果不尊重孩子，对于孩子先完成语文作业再完成数学作业的计划置之不理，而是强求孩子必须先完成数学作业，孩子就会觉得自己被侵犯。在现实生活中，有很多事情都与"势力范围"密切相关，爸爸只有明确与孩子相处的边界，才能与孩子在同一个屋檐下相安无事。

偏偏有些爸爸就喜欢对孩子横加干涉，这使得孩子非常烦恼。他们对爸爸提出抗议，爸爸却不以为然。他们捍卫自己的权利，却被爸爸劈头盖脸一通数落。当爸爸和孩子总是处于对立面，家庭生活又怎么能不鸡飞狗跳呢？

当然，尊重孩子的"势力范围"，并不意味着爸爸要对孩子不管不顾。爸爸是孩子的监护人，负责孩子的安全，负责养育孩子，也负责为孩子指引方向。当孩子真的需要帮助的时候，真的需要爸爸提醒和警示的时候，爸爸再出手也不晚。当然，什么时候需要可不是由爸爸凭着主观断定的，而是要综合孩子的实际情况，给孩子更多的关注，多观察多沟通，才能把握合适的时机。

# 多给孩子试错的机会

生活中，有很多的爸爸其实并不是想要控制孩子，而只是害怕孩子受到伤害，所以他们情不自禁地以自己的人生经验为出发点，为孩子考虑得面面俱到。担心孩子滑轮滑会摔伤，他们禁止孩子滑轮滑；担心孩子去爬山会被毒虫咬，他们驳回了孩子爬山的请求；担心孩子和学习不好的同学交朋友会拉低成绩，他们强求孩子必须和学霸交朋友……爸爸的担心特别多，孩子的自由特别少。除了未雨绸缪地要求孩子远离这些危险之外，爸爸还会禁止孩子尝试更多的事情，觉得孩子既然没有必胜的把握，就无须冒着失败的风险去尝试。但是，爸爸们似乎完全忘记了自己的成长是怎样的。

只要认真回想，爸爸们就会想起自己小时候第一次学骑自行车的兴奋，宁愿摔倒，也要不停地尝试；爸爸们就会想起自己小时候第一次做很多事情的时候，并没有父母在一旁唠唠叨叨、喋喋不休。上一辈的父母非常忙碌，没有时间一直陪伴在孩子的身边，只是保证孩子吃饱肚子穿暖衣服就行。恰恰是这样的散养方式，给了孩子更多的自由，也让孩子拥有了更多成功的可能性。

以辩证唯物主义的观点去看，任何事情都既有可能成功，也有可能失败。如果为了避免失败就不去尝试，那么孩子就会连成功的机会也彻底错失了。电灯之父爱迪生为了发明电灯，尝试了一千多种材料，进行了七千多次实验。如果他在失败几次之后就放弃，或者因为害怕失败而不能坚持去做，那么整个世界将在黑夜中持续更久。对于试错这件事，我们都应该向爱迪生学习，坚持不懈，越挫越勇，直到获得成功。心理学家研究发现，大多数人的先天条件相差无几，之所以有的人能获得成功，有的人却面临失败，不是因为天赋，而是因为后天努力的程度不同。那些内心脆弱、经不起打击的人，一旦遭遇失败就会马上放弃，从此一蹶不振。只有坚持不懈、不遗余力的人，才能在若干次尝试后获得成功。

作为爸爸，我们并不能预先知道孩子在哪一次错误之后会得到正确的答案，那么我们就要支持和鼓励孩子不断试错。当我们以权威者的形象禁止孩子去尝试，孩子只会失去所有成功的可能。有些爸爸也许会说：如果我们不保护孩子，孩子就会碰得头破血流。可是，谁的成功不是一路跌跌撞撞的呢？一路坦途，毫无波折，这不是成长。成长的本质就是经受磨难，接受历练，就是在必要的时候撞南墙。有人说，不到黄河心不死，其实用这句话来形容孩子也很贴切。当爸爸预先告诉孩子有可能得到的结果，并且禁止孩子去尝试，那么孩子未必会全盘接受爸爸的人生经验，也未必会按照爸爸的安排和指示去做。他们更想做的是亲身尝试，从自然结果中获得经验和教训，对于他们而言，这才是真正的成长。

周末，乐乐有一项特殊的家庭作业，就是做炒鸡蛋。炒鸡蛋是最简单的一道菜，所以老师才给孩子们布置这项任务，目的在于让孩

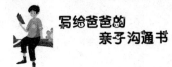

子体验做家务的辛苦，也感受做家务的快乐。乐乐非常愿意完成这项作业。他赶紧来请教爸爸怎么做炒鸡蛋，爸爸把步骤详细地告诉了乐乐。乐乐提出疑问："炒鸡蛋为何一定要等到锅热了再倒入凉油呢？为什么不能把油倒入锅里一起烧热，然后倒入鸡蛋液，这样应该是会更快的。"爸爸笑着说："乐乐，你善于思考，这很好。不过，我想告诉你的是，热锅热油容易粘锅，热锅凉油不会粘锅。"乐乐偏偏不信邪，他决定先按照自己的想法去做，如果失败了，再按照爸爸的方法去尝试。

就这样，爸爸眼睁睁地看着乐乐把油倒入锅里再点火烧热，鸡蛋液煳在锅底，乐乐用了好大劲才把锅刷干净。第二次，乐乐乖乖地用爸爸教他的方法炒鸡蛋，果然一次性就获得成功，锅底没有粘任何鸡蛋液，甚至都不用刷锅了。乐乐由衷地赞叹道："爸爸，看来，劳动人民的智慧是无穷的！你是伟大的劳动人民。"爸爸哈哈大笑起来，说："实践出真知，这是真理。你也通过实践验证了真知，这下相信爸爸几十年的生活经验了吧！"

在这个事例中，如果爸爸坚决禁止乐乐尝试热锅热油炒鸡蛋，那么乐乐即使采用爸爸的方法一次性获得成功，也依然会惦记着用自己的方法。爸爸与其浪费唇舌向乐乐解释，不如给乐乐机会让他亲自去尝试。事实就是最好的证明，事实也教会了乐乐炒鸡蛋的正确做法。

生活中蕴藏着无穷无尽的智慧，每一个爸爸都想把自己的经验传授给孩子，然而孩子往往不领情。对于孩子的好奇，对于孩子的质疑，爸爸与其辩解，不如给孩子机会亲身尝试，这样孩子才会主动领悟到更多道理，也会更加愿意听从爸爸的建议。这样的做法既避免了爸爸和孩子之间发生争执，也让孩子有了更多的亲身经历，可谓一举两得。俗话说，不经历无以为经验。正是如此，孩子的成长不仅需要爱的滋养，需要知识的充实，更需要经历的沉淀。

# 第四章

## 避免亲子冲突,解决亲子矛盾

每当爸爸管教孩子的时候,家里总是鸡飞狗跳的。很多人认为之所以出现这样的局面,都是因为孩子不听话,其实不然。根本的原因在于爸爸没有掌握正确的沟通方式,而是频繁地激发亲子矛盾,导致了亲子冲突的爆发。那么怎样才能正确管教孩子呢?其实,只要会说话,说好话,爸爸就能做到教子有方。

# 亲子冲突，没有输赢

很多爸爸都奉行强权主义，也喜欢以强行压制的方式管教孩子。为此，他们与孩子之间的关系看起来不像是亲人，更像是敌人，他们在潜意识里认为自己要与孩子分出胜负输赢，而且必须赢了孩子，才能肩负起管教的重任。其实，除了与孩子发生冲突之外，爸爸还有很多好的方法可以用来管教孩子，前提是爸爸要勤于思考，善于表达，勇于反省自我。听到还有无冲突式的解决方法，爸爸们是不是都长长地吁出一口气呢？先别高兴得太早，因为这种方法说起来容易，做起来却并不简单，需要爸爸不忘初心，反复练习，坚持自控。

在家庭生活中，如果爸爸和妈妈经常爆发争吵，孩子会如何呢？早就有心理学家对在暴力冲突型家庭中长大的孩子进行跟踪调查，发现孩子在家庭战争中很难感受到爱，也无法获得安全感，为此他们惶恐不安，甚至在不知不觉间受到爸爸妈妈的负面影响，也变得性情暴躁，激动易怒。不得不说，不良的家庭氛围对孩子的影响是极其恶劣且深远的。如果说只是观战就会对孩子造成不良影响，那么当孩子成为矛盾冲突的当事人，孩子更是会为此伤痕累累。从这个意义上来说，爸爸一定要积极地改变自己，控制好自身的情绪，组织好与孩子交流的语言，切勿再与孩子爆发冲突。我们可以把这种和平的解决方法称为"没有输家"的冲突解决方法。"没有输家"顾名思义，就是采取这样的方法解决亲子矛盾，爸爸不会输，孩子也不会输。与之对应的是，爸爸和孩子也都不会赢。因为这根本就不是一场战争，而是爸爸与孩子之间敞开心扉的探讨。

当爸爸带着与朋友交心的心态和孩子进行沟通，对孩子温言细语，也能倾听孩子的倾诉，带着齐心协力解决问题的原则来不懈努力，爸爸与孩子之间又怎么会成为敌对的关系呢？没有输家的冲突解决办法，也可以让爸爸和孩子之间建立全新的关系。当然，采用这种方法的前提是要双方权利对等或者地位平等。在不平等的两方之间，这种方法没有效果。只有在平等的双方之间，彼此才不会试图以权威去压制对方，也不会想要勉强对方。

最近，皮皮写作业比较拖延，磨磨蹭蹭，每次晚上都要9点半才能完成作业，洗漱之后往往要10点半才能入睡，第二天早晨6点半就要起床。他只能睡八个小时，而在他的这个年纪需要九个小时的睡眠。为此，第二天上课的时候，他常常哈欠连天，尤其是在午后，更是困倦得睁不开眼睛。有一天上课时，皮皮居然睡着了，老师叫了他好几次，他都没有醒。无奈之下，老师只好把这个情况告诉了皮皮爸爸。

爸爸当然知道皮皮太困倦的原因，但是他还是耐住性子问皮皮："皮皮，你为什么上课爱打瞌睡呢？"皮皮羞愧地回答："我太困了。"爸爸继续说："我打听了几位家长，他们说孩子晚上8点之前就能完成作业。我想，你是否可以提高完成作业的效率，这样你就可以早一些睡觉。你知道，早晨迟到是行不通的。"皮皮认为爸爸说

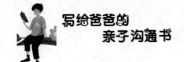

得很有道理，他也很感谢爸爸没有大发雷霆，因而他对爸爸说："爸爸，一想到如果很早完成校内作业就要再做妈妈布置的课外作业，我就没有动力加油写作业了。"听得出来，这是皮皮的肺腑之言。爸爸允诺皮皮："这样吧，我和妈妈商量一下，每天只给你增加二十分钟的课外作业。你只要能提前完成校内作业和课外作业，剩下的时间由你自由支配。"皮皮感到难以置信，接连问了爸爸好几遍："真的吗？真的吗？"爸爸重重地点点头："我保证。"

和皮皮沟通之后，爸爸又以没有输家的冲突解决办法和妈妈沟通，他对妈妈摆事实，讲道理，告诉妈妈必须赶紧让皮皮睡觉的时间提前。以往，爸爸总是试图说服妈妈，这一次他只是在阐述事实。妈妈采纳了爸爸的建议，决定大量减少皮皮的课外作业，以免皮皮继续磨洋工。果然，当天晚上皮皮7点半就完成了所有作业，自由自在地玩了半个小时。他8点洗澡，洗完澡之后看课外书，9点就呼呼大睡了。次日早晨，才六点钟，皮皮睡饱了觉，还不等闹铃响呢，就自己起来了。

没有输家的冲突解决方案，使皮皮爸爸不管是在和皮皮沟通的时候，还是在和皮皮妈妈沟通的时候，都改变了方式，采取了更为温和的态度。在此过程中，他始终牢记解决问题才是终极目的，因而坚持平静地阐述事实。正是这样看似毫无力度的表达，既打动了皮皮，让皮皮对爸爸说出了真心话，也打动了妈妈，使妈妈同意大量减少课外作业，真正实现了给皮皮减负。

通过阅读这个事例，分析皮皮爸爸成功沟通的经验，我们可以得出这样的结论：没有输家的冲突解决方法是不涉及家长权威的。因为没有家长的权威压制，所以不管结果如何都无须归结为胜负输赢，而只是双方坦诚相见共同努力寻找到的解决方法而已。这种方法中没有输家，也没有赢家，不管结果怎样，双方都是平等的。得到这样的结果，从某种意义上说，也可以说双方都是赢家，是皆大欢喜的共赢结果。爸爸们一定要学习和掌握这种没有输家的冲突解决方法，从而与孩子之间建立良好的亲子关系，实现顺畅的亲子沟通。

# 高高在上的爸爸，赢了又如何

爸爸在教养孩子的过程中常常会陷入一个误区，即他们以解决问题为导向，因为缺乏耐心，只想快刀斩乱麻地获得自己认为最佳的结果。太多爸爸都忽略了一个事实，即爸爸认为最佳的结果，对于孩子而言未必是最佳的，或者说孩子未必认为爸爸的方法和做法是最佳的。当孩子对爸爸表示反对，或者与爸爸对抗的时候，爸爸往往会不由分说地以家长的权威压制孩子，或者强求孩子必须按照爸爸说的去做，使爸爸满意。看起来，在这样的强权政策下，高高在上的爸爸在和孩子的战争中的确赢了，然而，他们只是得到了所谓的面子，满足了自己的虚荣心，却失去了孩子的信任，使孩子与他们渐行渐远。不得不说，从本质上而言，爸爸还是输了。在生活中，相信没有哪位爸爸是想赢了"战争"输了孩子的，但是既然爆发战争就一定有输赢，因为战争的本质就是"你死我活"。既然如此，爸爸就要从根源上解决问题，即避免发生战争。

很多爸爸都认为孩子就是麻烦的制造者，总是在不停地制造各种各样的麻烦，给爸爸带来各种各样的烦恼。这是由孩子的天性决定的，而非孩子的本意。等到孩子长大成人，哪怕爸爸热烈欢迎孩子来给爸爸制造麻烦，只怕孩子也没有兴趣陪着爸爸玩了。既然如此，爸爸就不要厌烦孩子，而是要珍惜孩子短暂的成长时光，陪伴和守护在孩子身边。当爸爸从心理上悦纳孩子，从情感上喜爱孩子，爸爸就不会再以教养孩子为苦，而是会给孩子更多的关爱与呵护。

爸爸还记得学习数学的诀窍吗？对于那些复杂的应用题，老师常常强调要弄懂弄通，举一反三，这样即使题型有了些许改变，我们也依然可以按照此前的思路来略加变化，从而解决难题。那么养育孩子有没有以不变应万变的好方法呢？当然有，不过需要爸爸用心去揣摩，用心去体会。

有这样一个方法就是最佳解决方案，它适用于不同年龄段的所有孩子。看到这里，爸爸们一定迫不及待地想要了解和学习这个好方法了吧。先别着急，这个方法就像是武侠小说里武功的最高境界一样——无为。何为无为，具体到家庭教育中，指的是爸爸只要把握根本的原则，不忘初心，就可以应对孩子的所有情况。爸爸的初心就是和孩子一起成长，爸爸应该时刻提醒自己"高高在上又如何，赢了又如何"。唯有怀着这样的态度，爸爸才能更加尊重孩子，与孩子更好地沟通和互动。

既然没有输家的冲突解决方法是以不涉及家长的权威为前提的，那么爸爸如何才能让孩子做得更好，达到爸爸的预期呢？不可否认的是，不管爸爸如何调整自己的心态，改变自己对待孩子的方式方法，爸爸对于孩子都是有预期的，而且他们坚定不移地认为自己的计划对孩子而言是更好的结果。这里有一个诀窍是爸爸必须掌握的，它可以帮助爸爸在没有输家的情况下，达成爸爸对孩子的预期。这个神奇的方法，就是帮助孩子主动地产生动机，促使孩子执行解决方案。

如果方案是爸爸提出来的，孩子就会很抵触，因为随着孩子不断成长，他们已经不愿意接受爸爸的安排去做事情了。然而，如果方案是孩子自己提出来的，那么他们就会很主动地执行方案，他们要证明自己是正确

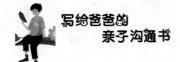

的。利用孩子的这种心理，爸爸可以把自己对孩子的预期，变成孩子的预期，把自己对孩子提出的方案，变成孩子提出的方案。由此一来，不需要爸爸督促孩子，孩子就会主动地执行方案。这也使得他们充满了责任感，认为自己有责任也有义务做好分内之事。最重要的是，在此过程中，爸爸不再怀有看热闹的心态等着看孩子出糗，等着看孩子的笑话，而是真心实意地希望孩子能够获得成功，也会竭尽所能地助力孩子获得成功。

　　针对前段时间的家庭作业问题，爸爸和皮皮和平协商，解决了问题。然而，孩子的问题总是层出不穷。这不，暑假到了，对于老师布置的四篇作文，皮皮非常发愁。其实，爸爸还想给皮皮加四篇小作文，这样就可以保证每周一篇作文，老师布置的大作文和爸爸布置的小作文穿插起来，一定能提升皮皮的写作能力。但是，皮皮很抵触写课外作业，如何才能让皮皮心甘情愿地在完成四篇大作文的基础上，再完成四篇小作文呢？爸爸绞尽脑汁想了很久，终于想出了一个好办法。

　　于是爸爸问皮皮："皮皮，妈妈想给你报名参加作文补习班，每周一次课，暑假总计八次课，每次课后都要完成一篇作文，你可愿意？"皮皮当即把头摇得和拨浪鼓一样，说："不愿意，不愿意，不愿意！"爸爸当即说道："是吧，我就说你一定不愿意，妈妈偏偏不相信，非要去交钱。其实，我觉得与其去作文班写作文，还不如在家里自己练习呢，我可以帮你改作文。你觉得呢？这样还省得奔波去上课，没有那么热。"皮皮有些犹豫，思考片刻后，他说："老师还布置了四篇作文呢，如果在家里写作文，我只能写四篇，就是分为大小周，就像在学校里一周是大作文，一周是小作文一样。"爸爸暗自高兴，说："你提出的这个方案很合理，不过我需要去说服妈妈。我会尽力的，你等着我的消息吧。"说着，爸爸走出房间，过了一会儿才回来。皮皮满怀期待地看着爸爸，爸爸说："妈妈提出了一个条件，即你必须高质量完成作文，她就可以按照你说的办。"皮皮高兴得一蹦三尺高，抱着爸爸亲了又亲。可想而知，皮皮一定会用心完成八篇作文的。

在这个事例中，爸爸可谓煞费苦心。虽然爸爸可以给皮皮下达命令，要求皮皮必须在完成老师布置的四篇作文的基础上，再完成四篇作文，但是他没有这么做。俗话说，强扭的瓜不甜。如果爸爸强制要求皮皮，皮皮就会心生抵触，心不甘情不愿地完成作文，质量一定堪忧。为此爸爸采取了这样的策略，以上作文补习班为由，引导皮皮主动提出额外完成四篇作文，由此一来皮皮对于自己争取到的结果非常满意，也会努力维护自己辛苦争取来的胜利果实。

这个策略可以有效地增强孩子的执行力。除了使孩子觉得这个策略是他们的策略之外，还可以邀请孩子参与决策，也能对孩子起到很大的促进作用。

教养孩子从来不是简单容易的事情，注定要与孩子斗智斗勇，但在这个过程中也要注意让孩子心甘情愿，这样亲子相处才会更加愉快，亲子教育也才会取得更好的效果。学习了这个有效的方法，爸爸们不妨都找机会试一试吧！

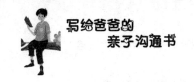
# 吃一堑长一智，孩子要经受挫折

温室里的花朵永远也经不起风吹雨打，它们只能生长在温室里，虽然娇艳，却很孱弱。爸爸们想让孩子成为温室里的花朵吗？当然不想。那么就要学会给孩子机会，让孩子经受挫折。太多的爸爸养育孩子时想走捷径，恨不得早早地就把自己的人生经验一股脑儿地灌输给孩子，以为这样，孩子就可以少走弯路，甚至不走弯路。然而，爸爸的成长经历是爸爸的，而孩子只有通过亲身经历才能获得自己的人生经验。既然如此，爸爸就不要再徒劳地全面保护孩子了，在保证孩子安全的情况下，何不让孩子自己做出决定，自己经历风雨呢？

不可否认的是，绝大多数孩子都还没有获取足够多的知识，也都没有足够丰富的人生经验，为此他们在进行思考的时候很容易顾此失彼，也往往会因为考虑不够周全而导致决策失误。看到孩子因为经受失败的打击而神情沮丧，看到孩子因为没有实现预期的目标而灰心丧气，爸爸难免会感到心疼。这时，请默默地关注孩子，在孩子需要的时候给孩子以鼓励和支持，但是千万不要指责孩子不听爸爸的话，更不要嘲笑孩子此刻不得不面对令人尴尬的结果。孩子正处于成长的过程中，如果没有这些坎坷磨难，他们如何能获得成长呢？认识到这一点，爸爸就应该把对孩子的心疼转为欣慰，认识到孩子正在坚持点滴的进步。

遗憾的是，在现实生活中，有太多的爸爸都试图避免让孩子有这样的经历，因为担心这样的经历会使孩子感到沮丧，感到失望。为此，他们引领着孩子走在人生的道路上，时常喋喋不休地指挥孩子前进、右拐、左拐等。他们带着孩子避开了大坑，避开了陷阱。渐渐地，孩子误以为人生的道路原本就是平坦的、艳阳高照的康庄大路，等到有朝一日长大了，他们离开父母的身边独自行走在自己的人生之路上，却在刚刚迈步的时候就掉入了陷阱之中。面对这突如其来的打击，孩子又该怎么办呢？父母已经老了，远远地落后于他们，父母已经没有能力了，再也无法无微不至地照顾和全方位地保护他们，接下来他们必须独自面对困境。不得不说，爸爸的溺爱会害了孩子。与其让孩子长大之后感到束手无策，不如从现在开始就给孩子更多的机会去锻炼，去历练，去成长。

爸爸既然爱孩子，就要为孩子的未来和人生考虑，切勿为了眼前的儿女情长，就忽视了培养孩子的生存能力和应变能力。从这个意义上来说，只要不是会威胁到孩子生命安全的坑，当孩子坚持要去跳的时候，不妨放手让孩子跳吧。如果孩子从来不曾摔落在坑里感受到疼痛，他们又怎么会主动地避开更大的危险呢？当然，在此过程中爸爸要把握好合适的度。给孩子机会去历练，不是说爸爸对孩子放任不管，而是要保证孩子的安全，在此前提下给孩子最大的自由。

男孩刚刚一岁，正蹒跚学步。他一不小心摔倒了，疼得哇哇大哭。爸爸闻声赶来，赶紧扶起男孩，把男孩抱在怀里安慰。因为担心男孩会再次摔倒，爸爸就一直抱着男孩。转眼之间，男孩已经一岁半了，比他小的孩子都学会了走路，他却还是跟跟跄跄，不能独立

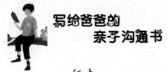

行走。

爸爸非常疼爱男孩，把男孩捧在手心怕摔了，含在嘴里怕化了。他为男孩选择最好的幼儿园，为男孩准备最好的玩具，给男孩配置最豪华的保姆车接送男孩。转眼之间，男孩长大了，他仿佛生活在真空中，从未感受过空气的污浊。

有一天，男孩参加了幼儿园里的跑步比赛。他走路都走得不太好，如何能快速奔跑，还要跑赢其他孩子呢？只可惜，他从未意识到这一点。他兴致勃勃地参加比赛，却只得到了倒数第一的成绩。男孩伤心极了，痛哭起来。老师劝他，他不听，园长劝他，他也不听。无奈园长只好打电话通知了男孩的爸爸。男孩爸爸看到男孩伤心的样子心疼不已，问园长："我可以给幼儿园赞助费，能否给我们一张第一名的奖状？"园长感慨地对男孩爸爸说："你可以在他的人生中弄虚作假一阵子，却不能在他的人生中弄虚作假一辈子。将来他走上社会，走上工作的岗位，你也能为了他一手遮天吗？"在园长的质问下，爸爸羞愧极了。他意识到问题的根源在自己身上，下定决心要改变，然而男孩已经习惯了一帆风顺的生活，这使得他的生活改变很难，很难。

男孩之所以不能承受任何挫折和打击，恰恰是爸爸导致的。爸爸一直在不遗余力地为男孩打造无忧无虑、无风无雨的生活环境，渐渐地，男孩就对生活产生了错觉。这位爸爸从未想过，当有一天生活的真相残酷地在男孩面前展现出来时，男孩又要如何面对和接受呢？在这个世界上，没有谁可以完全替代谁，父母即使再爱孩子，也不可能陪伴孩子走完这漫长的一生。与其为孩子遮掩生活的真相，不如早早地培养孩子独立面对的能力。这样当父母老了，当父母没有能力了，男孩才能肩负起自己的责任，支撑起属于自己的人生，甚至为父母遮风挡雨。

养孩子就像是养花，如果花盆小了，就要给花换盆，否则就会影响花的生长。爸爸原本守护在孩子的身边，随着孩子渐渐长大，爸爸要学会抽离。在收与放之间，爸爸要把握好分寸，也要掌握好时机。当爸爸完全从孩子的生活中抽出自己，那么也就意味着孩子可以独立生存，独立面对风雨人生了。这才是家庭教育最大的成功。爸爸们，一定要早早地为彻底放手做好准备！

# 让孩子承担自然而然发生的后果

　　太多的爸爸致力于给孩子制定各种规矩，限制孩子的行为，会预先和孩子约定一旦不能达成目标，必须承担怎样的后果和责任。然而，很多孩子对于后果和责任并没有概念，他们尽管允诺了爸爸接受惩罚，尽管知道自己会受到惩罚，却不知道自己到底要接受怎样的惩罚。等到孩子做得不够好，爸爸怒不可遏地惩罚孩子时，孩子才会意识到自己不该答应爸爸。这个时候他们忙着为自己的承诺而懊悔，却很少会想到自己应该更好地去做，才能避免眼前的结果出现。随着懊悔的情绪越来越浓重，他们把很多负面情绪转移到爸爸身上，认为爸爸制定了这种惩罚自己的规定，爸爸才是罪魁祸首。由此一来，孩子对爸爸心生抱怨，他们当然无法做到与爸爸友好地沟通。

　　明智的爸爸不会过多地干涉孩子，而是会顺势而为，让孩子承担自己的行为导致的自然后果。和人为后果中人为刻意的痕迹太过浓重相比，自然后果则是自然而然发生的，是孩子行为的结果，与他人无关，所以孩子哪怕不得不承担非常严重的后果，也不会迁怒于爸爸。这样做的最大好处就是孩子既受到了该有的教训，又不会责怪爸爸，爸爸反而可以借助于这样的机会尽力帮助孩子，从而赢得孩子的信任。这可谓一举数得。

　　那么，只要顺应自然，就能得到自然后果吗？当然不是。要想促使自然后果产生，爸爸必须做出极大的努力。很多爸爸面对顽皮淘气、有主见的孩子，往往会忍不住喋喋不休，对孩子唠叨不止，目的就在于迫使孩子听从他们的教诲。当孩子不愿意听从爸爸的教导时，爸爸就会很生气，也会因此对孩子采取很多措施。可越是这样，爸爸与孩子之间的关系就越是会剑拔弩张，距离就会越来越疏远。明智的爸爸必须先管好自己的嘴巴，在孩子做出任何举动说出任何言辞的情况下，都能做到从容面对，坦然应对。爸爸只有真正做到"无为"，才能迎接自然结果的到来。爸爸只有真正做到"无治"，孩子才会更加专注于自然后果。当爸爸坚持做到"无为无治"，在自然结果的促使下，孩子就会主动地反思自己的言谈举止，也会积极地做出改变。

因为工作需要，妈妈需要出国一个月。在这一个月时间里，爸爸和乐乐一起生活，互相照顾。得知妈妈要出国一个月的消息后，乐乐惊讶得半天合不拢嘴，他说："爸爸，妈妈要走一个月，我们俩怎么活啊！"爸爸笑起来，说："很简单。我只会煮面条，吃腻了面条，咱们俩就点外卖，或者下馆子。床铺，各自收拾；衣服，外套扔进洗衣机，内衣各自清洗。"

乐乐还从未自己洗过内衣裤呢。他几次央求爸爸帮他洗，但是爸爸就是不同意，还美其名曰他已经和乐乐约法三章了。无奈之下，乐乐只好把穿过的内裤都放在一个塑料盆里。他有七条内裤，他决定把七条内裤穿完再说。其实，他还有侥幸心理，希望爸爸能在他没有穿完所有的内裤之前，就帮助他清洗。七天过去，乐乐没有内裤换洗了。他向爸爸求助，爸爸说："你的内裤不是都在塑料盆里吗？你如果不嫌脏，可以再拿出来穿一遍。"说完，爸爸就去煮面条了。乐乐

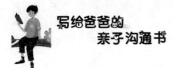

琢磨半天，认为自己无论如何也不能把脏了的内裤再拿出来穿一遍，他委屈得直掉眼泪，却不得不去洗内裤。他笨拙地搓洗内裤，又用了自己最大的力气把内裤拧干，晾晒。幸好当天是周日，他可以不穿内裤。周一清晨，内裤已经干了，乐乐终于有了干净的内裤穿。从此之后，他每天晚上洗澡都会顺道把当天换下来的内裤洗了。

在这个事例中，对于从未亲自清洗过内裤的乐乐来说，要自己洗内裤，显然是一个很大的挑战。如果爸爸不是采取这样的方式，用自然后果惩罚乐乐，让乐乐对自己的事情和行为负责，那么说不定即使大费周折，也未必能说服乐乐自己清洗内裤。我们可以发现使用自然后果惩罚孩子的好处，就是自始至终都没有亲子冲突。也就是说，亲子之间的沟通是平和的，即使不那么兴高采烈，至少是心平气和的，这样一来就避免了冲突和矛盾。但是，最终却圆满地解决了问题，并且一劳永逸，使乐乐从思想上和行动上都有了切实的改变。

很多爸爸都想让孩子在某些方面做出改变，那么不妨向乐乐爸爸学习。对于孩子不愿意去做的事情，暂且不强迫孩子，而是等到孩子非做不可的时候，让孩子承担自然后果。自然后果会替代爸爸以现实的结果告诉孩子如何做才是对的，如何做是错误的，从而促使孩子进行自我反思，最终做出明智的决定，争取得到更理想的结果。

自然后果的教育策略可以运用到很多生活场景中。例如，孩子早晨迟迟不愿意起床，在床上滚来滚去。对于孩子的这种表现，爸爸很难做到每天都把孩子从被窝里揪出来，又如同唐僧念经一样不停地唠叨孩子，促使孩子加快动作，按时到校。与其每天都这么痛苦地与孩子打遭遇战，不如痛下决心，对孩子放任不管，任由孩子迟到被老师批评。当孩子因为赖床而迟到，被老师当着全班同学的面批评，面红耳赤恨不得找个地洞钻进去的时候，他们就会暗暗地下定决心以后一定要早早起床，再也不赖床，再也不迟到。从此之后，爸爸便可一劳永逸，再也不用每天都喊孩子起床了。孩子呢，也会产生内驱力，坚持早起，养成良好的作息习惯，由此进入良性循环。再如，很多孩子都挑食，面对不可口的一餐，他们选择宁可饿着肚子。但是才过去一两个小时，他们就会感到饥肠辘辘，因而四处找东西果腹。这个时候，爸爸切勿因为心疼孩子就为孩子提供零食，而是坚决要求孩子两餐之间不许吃零食，必须等到下一餐才能吃饭。下一餐，爸爸提供的依然是上一餐孩子不喜欢吃的食物，但是孩子不再挑剔，而是狼吞虎咽，很快就吃光。从此之后，每当孩子想要挑食的时候，就会想到这次挨饿的经历，再也不会轻易错过饭点了。

自然后果的作用就是这么神奇，适用于生活中的很多场景。爸爸只要把握了自然后果的必要步骤，例如不强求孩子，不唠叨孩子，不安排孩子，而是任由孩子自己做出选择，并且对自己的选择负责，那么孩子就会尝到自然后果的滋味，也会对自然后果欣然接受，并对自己的行为加以改正。

# 给孩子适度的惩罚

如今，很多爸爸在教育孩子的时候走向了两个极端。一个极端的爸爸对孩子采取赏识教育、南风教育，不管孩子的具体表现如何，他们始终坚持对孩子和颜悦色，柔声细语，总是发掘孩子的优点，慷慨地夸赞孩子。有些爸爸还会对孩子娇生惯养，恨不得满足孩子一切合理与不合理的要求，只是希望孩子过得更好。这样的孩子从小泡在蜜罐里，听惯了好听的话，经不起任何挫折和风吹雨打，长大后未必能够成才，还可能因为习惯了向父母索取，变成"啃老族"，依靠父母生活。另一个极端的爸爸则对孩子声色俱厉，坚持认为棍棒底下出孝子，因而动辄打骂孩子，以军事化的严格作风管理孩子，还常常过度地惩罚孩子，使得孩子在身体和心灵上都受到严重的伤害，因而不知不觉间疏远了爸爸，甚至还对爸爸怀恨在心。毫无疑问，与孩子渐行渐远的爸爸，也是无法承担起教育孩子的重任的。那么，怎样的爸爸才是好爸爸呢？好爸爸又要如何做，才能把握好教育孩子的分寸呢？

有一位伟大的教育家曾经说过，完整的教育必然包含惩罚的教育，如果教育没有惩罚，那么就是残缺的。这句话告诉我们，惩罚是必须有的，但是如何惩罚，却是一门学问，也是一种艺术。

要让惩罚起到良好的教育效果，爸爸首先要弄清楚惩罚的目的和意义。很多爸爸把惩罚孩子作为发泄自身不良情绪的方式之一，他们总是带着情绪惩罚孩子，这使得他们在惩罚孩子之前根本没有慎重地思考：自己通过惩罚孩子，究竟想要达到怎样的目的。有人说过，有情绪的时候不要和孩子沟通，更不能惩罚孩子。孩子不是爸爸的出气筒，爸爸也不能通过惩罚孩子给自己解气。当爸爸只是把惩罚作为发泄情绪的方式，那么孩子也许会因为一时畏惧惩罚而选择顺从，但是他们的内心深处却是很不服气的，甚至会因此变本加厉。这样的结果，显然不是爸爸想要的。

不管采取怎样的方式管教孩子，爸爸最终的目的都是希望孩子有所改变，有所进步，有所成长。为了达到这个目的，在惩罚孩子的时候，爸爸必须遵循下面的原则：

第一，不要溺爱孩子，而是要对孩子赏罚分明。如果爸爸习惯于无限度地溺爱孩子，那么孩子就会失去行为边界，做事情肆无忌惮；如果爸爸一味地惩罚孩子，而从不奖励孩子，那么孩子就会认为自己一无是处，只配得到惩罚，因而自我贬低，自暴自弃。只有赏罚分明，孩子才会感受到爸爸是有原则的，也不至于因为被惩罚就记恨爸爸。

第二，适度惩罚，不侮辱孩子，不损害孩子的自尊心。对于任何人而言，自尊心都是最重要的。一个人如果没有自尊心，在做任何事情的时候都会抱着破罐子破摔的心理，肆无忌惮。所以爸爸一定要保护孩子的自尊心不受伤害，孩子才会自尊自爱。反之，爸爸如果彻底打碎了孩子的自尊心，也就相当于亲手毁掉了孩子。

第三，和孩子一起制定惩罚的规则。有些爸爸喜欢搞一言堂，认

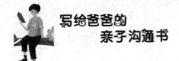

为孩子没有权利参与制定规则，只能遵守规则。这样的做法对孩子而言是很不公平的。孩子是独立的生命个体，有自己的思想和主见，自然也有相应的权利。爸爸要尊重孩子的权利，也给孩子行使权利的空间。

第四，谨慎惩罚孩子，禁止打骂孩子。骂人往往带有强烈的侮辱意味，爸爸只要认真思考就会发现，其实辱骂孩子非但不能起到预期的效果，反而会使教育的效果大打折扣。有些孩子感觉自己受到辱骂，甚至会和爸爸对骂，或者把自己封闭起来，不愿意和爸爸交流。而打人，则带有明显的欺软怕硬的意味。试问，如果爸爸是孩子，身材矮小力气弱，孩子是爸爸，身体强壮力气大，那么爸爸还会打孩子吗？爸爸必须发自内心地尊重孩子，真正做到平等对待孩子，才能对孩子杜绝打骂。

第五，爸爸要以身示范，成为孩子的好榜样。家庭教育的作用都是在潜移默化中得以实现的，而不是大张旗鼓就能一蹴而就获得成功的。爸爸要有足够的耐心对待孩子，就像期待一朵花的花期到来一样，安静地等待，充满期待地等待就可以了。

第六，惩罚的目的是促使孩子主动反思错误，积极改正错误。俗话说，不忘初心，方得始终。如果爸爸忘记了教育孩子的终极目的，就会剑走偏锋。只有始终牢记教育的终极目的，爸爸们才能坚持采取正确的方法教育孩子，从而达到最好的教育效果。

记住上述六个原则，相信爸爸们在和孩子沟通的时候，就会保持平和的心态，就会以友善的语气去表达，平静地阐述。当必须要提前警示孩子时，不妨只是阐述有可能出现的后果，并且建议孩子思考自己能否承担相应的后果。在知道有可能出现的后果后，如果孩子还是坚持己见，那就正如我们前文所说的，不妨看着孩子"撞南墙"，事实将会给孩子最惨痛、最深刻的教训。

# 不抱怨，不讽刺，不威胁

当孩子不能达到爸爸的期望，且常常给爸爸招惹麻烦时，爸爸的抱怨就会应运而生。如果不管孩子做什么，爸爸都以抱怨应对，那抱怨就会成为亲子相处的特定模式，抱怨的危害也会成倍增长。

除了抱怨之外，讽刺、威胁，都是亲子沟通中的雷区，爸爸要注意避开这些雷区，以此保护孩子稚嫩的心灵。

从心理学的角度进行分析，抱怨只是行为，抱怨深层次的心理是厌烦。虽然很多爸爸不承认他们是因为厌烦才抱怨孩子的，但是只要静下心来想一想，他们就不得不承认在抱怨孩子的时候，他们的确是怀有厌烦心理的。

当然，爸爸对孩子的抱怨都与付出有关。他们觉得自己的付出与回报不成正比。例如，爸爸辛辛苦苦地赚钱，为孩子提供更好的生活条件，但是孩子却并不能以优秀的成绩回报，爸爸就会抱怨："我这么努力，这么辛苦，还不都是为了你！你呢，却以这么糟糕的成绩让我丢脸。"听到这样的抱怨，孩子会有什么感觉？他们会想：爸爸不是真心爱我的，他对我的付出只是为了换取成绩作为回报而已。虽然爸爸的抱怨并没有起到实质性的作用，但是却使爸爸对孩子的爱大打折扣。爸爸必须明确一点，即生养和教育孩子，是在尽自己的责任和义务，而不应该向孩子索要回报。否则，就会像有些孩子反驳爸爸的那样：我并没有让你生我啊！这样一句话就能让爸爸哑口无言。

不仅如此，爸爸的抱怨还会使孩子觉得自己不够好，因而产生负罪感。当爸爸总是喋喋不休地抱怨孩子从这里得到了很多，却从未有回报的时候，孩子会认为自己的存在原本就是错误。他们既被爸爸追债，想要回报爸爸，又因为自身能力不足产生挫败感，从而变得越来越自卑，越来越内疚。毫无疑问，在这样的心态下，孩子对于未来会失去信心。可想而知，爸爸的抱怨对孩子的影响是极其恶劣和深远的。

爸爸应该扔掉抱怨、讽刺、威胁等沟通模式，以友善的方式和孩子沟通。除了抱怨，很多爸爸也很喜欢讽刺孩子，他们认为这是更有力度的沟通方式。在讽刺孩子之后，如果孩子马上改变了错误的行为，爸爸就会认为讽刺极其有效，却从未想到讽刺给孩子稚嫩的心灵带来了多么大的伤害。例如，爸爸会威胁孩子如果不好好吃饭就不能出去玩，如果不认真完成作业就不能玩游戏等。在这种情况下，爸爸并没有给孩子选择的空间。面对唯一的选择，孩子只能无奈地接受。

当爸爸抱怨、讽刺和威胁孩子的时候，孩子不但感受不到爸爸的爱，还会为此而产生报复爸爸的心理，更不会尊重爸爸。日久天长，孩子还会受到这些不良沟通方式的影响，也以抱怨、讽刺和威胁的语言和爸爸沟通，这显然会使亲子沟通进入恶性循环模式。有些孩子怀疑爸爸不爱自己，有些孩子觉得自己被爸爸抛弃，有些孩子觉得自己朽木不可雕，这些感受对于孩子而言都是极其糟糕和负面的。

那么，爸爸应该如何和孩子沟通呢？例如，平静地告诉孩子你此刻

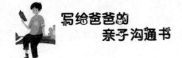

的感受，而非发泄不良情绪；要以不伤害孩子的自尊为原则，组织自己的语言，让自己更加友善地表达。不可否认的是，孩子会有情绪，爸爸也会有情绪，因为人原本就是情绪动物。但是在面对孩子的时候，爸爸要首先控制好自己的情绪，不要因为受到情绪的驱使，就导致自己言语失控、行为失控。在人际关系中，每一个人面对他人就如同面对镜子，会在镜子里看到自己的折射。所以爸爸与其试图改变孩子，不如先改变自己。当自己真正做出改变之后，爸爸会发现孩子也有了改变，这改变是孩子自然做出的，而非爸爸强制要求的。这样的改变，对于爸爸和孩子而言都是好消息。

在这里，推荐爸爸们选择"我+信息"的表达方式，而不要以"你+信息"的表达方式与孩子沟通。所谓"我+信息"的表达方式，本质上就是陈述自己的情绪，而非指责孩子的行为；所谓"你+信息"的表达方式，本质上则是指责孩子不好的行为，甚至对孩子带有批判的意味。没有人愿意被他人批判、否定和打击，孩子更是如此。举个简单的例子来说，当看到孩子把房间弄得乱七八糟时，爸爸可以说"哦，我看到乱糟糟的房间就头疼"。当爸爸这么说的时候，孩子既可以主动收拾房间，使房间变得干净整洁，也可以选择继续我行我素，这是孩子的自由。反之，如果爸爸说"哦，你为什么把房间弄得这么糟糕"。那么，孩子就会感觉自己遭到了爸爸的质疑和责问，也会很有压力，因为爸爸通过这句话正是在表达希望孩子马上收拾房间的意思。由此可见，在人际沟通中，"我+信息"的表达方式是更轻松的，而"你+信息"的表达方式则更带有强迫的意味。

从现在开始，爸爸们就改变沟通的方式吧，既要做到不抱怨、不讽刺、不威胁，也要采取以"我+信息"的方式和孩子沟通，这样才能让亲子沟通更加和谐愉悦，而爸爸们也才能以这样的沟通姿态赢得孩子的好感，从而让孩子能敞开心扉对爸爸诉说心声。

# 尊重孩子，不伤孩子的自尊心

对于任何人而言，自尊心碎了一地的感觉都是极其糟糕的。何为自尊心？自尊心能使一个人致力于维护自己的人格和尊严，并且始终保持自强不息的人生状态。当自尊心受到严重的伤害时，人们就会感到愤怒，就会产生怨恨，就会陷入烦恼的纠缠中，无法摆脱。自尊心如此重要，那么，自尊心是越强越好吗？当然不是！一个人如果自尊心太强，就会自我陶醉，坚持己见，不愿意变通，更不愿意接纳他人的合理建议。反之，一个人如果丧失了自尊心，就会自暴自弃，甚至会破罐子破摔，不再维护自己的尊严，而是放纵自己的行为，甚至走上违法犯罪的道路。

自尊心不是与生俱来的，而是要在成长的过程中才能建立起来的。举例来说，如果孩子调皮捣蛋，总是惹麻烦，而爸爸只看到孩子的缺点和不足，总是批评和指责孩子，那么孩子就无法建立自尊心。反之，如果爸爸能看到孩子的闪光点，认可和表扬孩子，那么孩子就会建立自尊心。只有在拥有自尊心的前提下，孩子才能更加自重、自尊、自爱、自立和自强，也才会拥有更加优秀的品质。

认识到自尊心对孩子成长的重要意义，爸爸当然会坚持不伤害孩子的自尊心。这是对孩子最大的爱护。遗憾的是，在日常生活中，孩子难免会犯错，会表现得不尽如人意，如果爸爸被愤怒冲昏了头脑，冲动地做出一些举动，那么就会在无意之间伤害孩子的自尊心。例如，有些爸爸会表现出对孩子的失望，或者给孩子贴上负面标签。爸爸的这些言谈举止，都会让孩子敏感地觉察到，也会让孩子感到万分沮丧。

和挨骂挨打相比，孩子更不愿意听到带有侮辱性的话语，因为这是对他们的否定，也是对他们人格的践踏。孩子也许还小，不能把爸爸的行为上升到这么严重的高度，但是他们受到的伤害却是真实存在的。

马上就要小升初考试了，爸爸妈妈都很紧张。之前，他们听了乐乐的建议，没有卖掉现在住得宽敞的房子去换老破小的学区房，但他们内心总归还是有些忐忑的。看到乐乐的成绩并不那么稳定，爸爸甚至有些后悔，不止一次地说："哎呀，早知道当时还是换学区房，现在也就不至于饱受折磨了。"听到爸爸的话，乐乐说："爸爸，淡定，淡定！我就算考不上重点初中，也是有学上的。"爸爸懊丧地说："乐乐，我可真是上了你的当。你当初信誓旦旦地说会努力考取重点初中，我看你现在的表现，压根就不想上重点初中。你看看你自己，整日游手好闲，我们当初采纳了你的建议，就是个错误，你只想去普通中学混日子。"

听了爸爸的话，乐乐陷入了沉默。看着他满脸受伤的表情，爸爸很心疼。在接下来的日子里，乐乐异常努力。爸爸始终觉得自己伤害了乐乐，直到有一天，爸爸找机会对乐乐道歉，说："乐乐，在爸爸心中，你是最优秀的。至于考初中的问题，你只要尽力而为，不管进

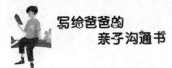

入哪一所初中，爸爸都为你高兴。"听到爸爸的话，乐乐委屈地哭起来，他对爸爸说："放心吧，爸爸，我一定会考入重点初中的。"

如果说此前乐乐考重点初中是为了满足爸爸和妈妈的心愿，那么此后乐乐努力考重点初中，则是因为他真的很想考入重点初中。当爸爸对乐乐不再怀有失望的情绪，乐乐才能纯粹地为了自己而不懈努力，无须为了向爸爸证明自己。

每一位爸爸都要对孩子感同身受，要知道孩子在听到爸爸充满失望的话语时，内心会多么沉重，又会多么自卑。常言道，树活一张皮，人活一口气。每个人都要以希望支撑自己的内心，使自己满怀力量，而不要用失望打压自己，让自己的内心充满绝望。爸爸要想激励孩子不懈进取，就要保护孩子的自尊心，切勿轻易对孩子表现出失望的情绪。当爸爸相信孩子，孩子就会充满自信，当爸爸力挺孩子，孩子就会充满力量。有爸爸作为坚强的后盾，孩子才会在成长的道路上勇往直前。

爸爸们要始终牢记自己的职责之一，就是鼓励孩子，支持孩子，让孩子的内心充满希望和力量，让孩子的内心充满信心和勇气。爸爸应该和孩子一起成长，由一个不会表达的爸爸，到一个频频爆出金句的爸爸，只需要加倍地用心和努力。从现在开始，爸爸们就行动起来吧，要相信付出总有收获！

# 第五章

## 表扬与批评，都是爸爸的行为艺术

在养育孩子的过程中，有的爸爸喜欢表扬孩子，恨不得把孩子夸成一朵花；有的爸爸喜欢批评孩子，觉得孩子必须经历风雨才能茁壮成长。尽管各有道理，但我们也不得不说，表扬与批评并非一种态度，而是家庭教育中的行为艺术，必须做得恰到好处，才能起到最佳的效果。

# 你不知道自己在孩子心中的分量

　　每个孩子都希望得到表扬，而不喜欢被批评，这是人之常情，也完全符合人类趋利避害的生物性本能。这就合理解释了孩子们对表扬的渴望和对批评的嫌恶。如今，越来越多的爸爸知道了表扬的重要性，为此他们机械化地运用赞美的语言，只为了把孩子哄得心花怒放。不得不说，这种形式意义上的表扬是没有灵魂的。那么，爸爸们也许会问：我要怎么做，我的表扬才有灵魂呢？要想发自内心地表扬孩子，也让孩子因为获得表扬而振奋精神，爸爸必须知道自己在孩子心中的分量。

　　太多的爸爸为了给孩子创造更好的生活条件，为了给孩子提供更加优渥的学习条件，而拼尽全力。他们对孩子的爱是毫无保留的，也是完全无私的。他们的爱如同高山一样巍峨，如同大海一样深沉。可让爸爸们感到伤心的是，很多孩子对爸爸的付出并不领情，甚至认为爸爸为他们付出是理所应当的。为此他们既不感恩爸爸的付出，也未曾想过要竭尽所能地回报爸爸。正是因为孩子这样的想法和表现，爸爸们常常觉得委屈，进而感慨孩子不知道爸爸对他们的爱有多深，甚至骂孩子是"白眼狼"。其实，如果爸爸能够换位思考一下，就会理解为什么孩子会有这样的想法和表现了。在孩子的心目中，爸爸是非常重要的，是他们特别信任的。遗憾的是，很多爸爸都不知道孩子的心思，反而抱怨孩子不够爱他们。这就使爸爸和孩子之间产生了隔阂，甚至产生了误解。

人们都说父爱如山，这是因为爸爸对孩子的爱是深沉的，又因为爸爸不善表达，所以他们往往以切实行动的方式无声地表达对孩子的爱。其实爸爸不如改变方式，牢记"爱要大声说出来"，把对孩子的爱挂在嘴边，经常告诉孩子"爸爸爱你"，经常给孩子拥抱和亲吻。和西方国家的人们习惯于直白热烈地表达感情不同，很多中国人都习惯于把爱深藏在心底，让对方去感受和领悟，这也是很多误会产生的根源。当爸爸坚持诉说和表达对孩子的爱，爸爸就会得到孩子积极的回应，也就会知道自己在孩子的心目中原来如此重要。

只有了解了孩子把爸爸看得多么重，爸爸对孩子的爱才会得以提升。如果说此前爸爸表扬孩子是为了奉行赏识教育的原则，那么从现在开始，爸爸表扬孩子则是完全发自内心的。他们感恩孩子如此依赖和信任自己，他们感谢孩子如此看重和仰仗自己。对于爸爸而言，最大的幸福莫过于就是被孩子需要了吧！

此时此刻，爸爸才真正考虑到要使孩子获得满足感和安全感，因而他们也会真正走心地表扬孩子。爸爸还会留意到，对于孩子而言，想要得到真心实意的表扬并不容易。在家以外的地方，人外有人，天外有天，小小年纪的孩子就面临激烈的竞争。面对残酷的现实和巨大的压力，如果他们不曾在家庭生活中得到爸爸精神和情感上的支持，又如何能够始终保持乐观的心态和昂扬的斗志呢？也许有的爸爸会说，孩子可以从老师那里得到表扬。但是，如果爸爸很少表扬孩子，是因为孩子资质平庸，那么在学校里、班级里竞争那么激烈，孩子要想得到老师的表扬，就更是难上加难。

众所周知，一个人肚子饿了就想吃饭，觉得口渴了就想喝水。这是正

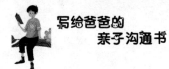
常的生理需求。对于孩子来说，他们如果从来没有得到表扬，就会想要得到表扬。如果对表扬求之而不得，他们就会想去寻找各种机会得到表扬，甚至索要表扬。当孩子对表扬怀有渴望，他们就会形成讨好型人格，为了得到他人的表扬而刻意讨好他人。相信每一位爸爸都不会想让孩子变成这样，既然如此，那么就请慷慨地表扬孩子，真心地赞美孩子吧。爸爸以表扬与赞美使孩子的心灵变得充实，相信孩子就会觉得非常满足。

在爸爸坚持表扬孩子的过程中，孩子不仅在情感和精神上得到满足，而且还会因为不断被强化好的行为，而养成好习惯。这对于孩子的成长十分重要。不仅如此，更为重要的是，孩子最看重爸爸，爸爸也最赏识孩子，爸爸与孩子之间就会保持良性互动，互相支持，互相鼓励。在成长阶段，如果孩子内心富足，情感充实，他们就不会感到空虚，就不会四处讨好和逢迎他人，就不会因为自卑而畏缩胆怯，反而会因为自信而更加勇往直前。

每一位爸爸都应该深切地意识到自己对孩子而言多么重要，也应该给予孩子最大力度的支持和帮助。当孩子拥有自信的人生，面对各种各样的困难时，他们就会真正做到内心强大。

# 爸爸为何很少表扬孩子

相信在阅读了上一篇文章之后，爸爸知道孩子把自己看得多么重要，也知道自己的表扬对于孩子多么重要了。然而，尽管爸爸有心多多表扬孩子，在实际行动上却不是那么容易做到的。表扬可不是突兀地说几句好话，也不是刻意地迎合孩子。要想让表扬达到预期效果，爸爸不仅必须掌握表扬的方式方法，还要坚持做到多样化表扬孩子，这样才不至于让表扬事与愿违，也不至于让孩子因为听多了表扬而感到厌烦。

遗憾的是，在现实生活中，很多爸爸很少表扬孩子，他们就像个闷葫芦，对孩子的一切表现都无动于衷。面对这样的爸爸，表现突出的孩子原本兴致勃勃地想要和爸爸分享自己的好事，想要得到爸爸的表扬，一看到爸爸波澜不惊的模样就如同被泼了一盆冷水一样，瞬间失去了倾诉的欲望。由此，爸爸与孩子的关系就会从充满热情到非常冷漠，这无疑是很尴尬的。

也有些爸爸会很担心，如果过多地表扬孩子，会使孩子感到骄傲，出现退步。不是有句话说"谦虚使人进步，骄傲使人落后"嘛。然而，爸爸这么想完全是多虑了。和一直漠视孩子、不表扬孩子、打击孩子的自信心相比，我们宁愿孩子得到表扬，哪怕有些小骄傲也没关系。俗话说，两害相权取其轻，这是因为被表扬得骄傲，远远比被打击得自卑和丧失信心来

得更好。

经过一段时间的观察，爸爸发现皮皮有个很明显的特点，那就是考试成绩好一次坏一次。例如，上次月考皮皮考了双百的好成绩，爸爸并没有为此感到高兴，而是担心皮皮在下一次考试中会表现糟糕。不过，爸爸把这份担忧隐藏在心中，并没有直接说出来。果不其然，在不久之后的单元测试中，虽然单元测试比月考容易多了，但是皮皮的成绩很一般，数学勉强90分，语文才考了86分。看到皮皮的成绩，爸爸气得火冒三丈，当即冲着皮皮吼道："皮皮啊皮皮，你可真是三天不打上房揭瓦。我早就发现了，要是给你好脸色，表扬你几句，你在下一次考试中马上就会原形毕露。看来，以后不管你是考得好还是考得不好，我都要给你一顿'竹笋炒肉'，你才能消停。"

看到爸爸声色俱厉的模样，皮皮很害怕。他紧张地为自己辩解："我就是粗心……"不等皮皮把话说完，爸爸怒斥道："粗心更应该挨揍，你要是不会做那些错的题目，我还没有这么生气了。"听爸爸这样一说，皮皮如同霜打了的茄子一样，暗暗想道："既然我考得好也得不到表扬，考得不好也是被批评，我还不如都考不好算了呢！"在这种想法的影响下，皮皮对于学习变得很懈怠，完成作业也总是敷衍了事，没有那么认真了。在又一次考试中，他并没有呈现出以往的规律，再次取得好成绩，反而出现了退步。爸爸则更加郁闷了。

不可否认爸爸很细心，他观察到皮皮考试的规律，为此决定再也不表扬皮皮。殊不知，对于皮皮而言，在每一次考试失利后被批评了，他努力改正，加油复习，争取下一次考试中获得好成绩，就是为了得到爸爸的表扬。如今，爸爸既然彻底剥夺了皮皮得到表扬的权利，皮皮当然会缺乏动力，自然也不愿意好好学习了。在这个事例中，爸爸原本是会表扬皮皮的，却因为皮皮禁不住表扬，一表扬就骄傲，一骄傲就退步，所以爸爸才会改变策略。

很多爸爸之所以很少表扬孩子，除了担心孩子骄傲之外，也与他们对孩子的漠视有关。前段时间网络上流行一个段子，大概意思是说爸爸不关心孩子到了非常夸张的程度，不仅不知道自己的孩子在哪一所学校就读，更不知道孩子读几年级。试问这样的爸爸怎么能看到孩子的优点呢？爸爸们要意识到，自己不是挣钱的机器，不能只负责挣钱给孩子花，而对孩子缺乏关爱和了解。为了避免这种情况出现，爸爸要更多地参与孩子的生活，了解孩子的方方面面，这样才能适时地表扬孩子，使孩子得到鼓励，更加充满干劲。

从心理学的角度进行分析，如果爸爸很少表扬孩子，那么就说明爸爸已经在忽视或者漠视孩子了。然而，孩子是最渴望得到爸爸关注的。在前面章节我们说过，孩子把爸爸看得非常重要，正是因为如此，他们才竭尽全力表现得更好，希望爸爸能够看到自己。在这种情况下，如果爸爸始终看不到孩子的努力，看不到孩子的进步，那么孩子就会失去动力。

有些孩子一直在努力，却始终没有得到爸爸的表扬，为此他们会向爸爸索要表扬。对于这样的孩子，爸爸一般都缺乏耐心，甚至还会训斥孩子："你好好学习是为了自己，为什么考了好成绩还要让我表扬呢！你要记住，你掌握着自己的未来，你不好好学习，将来就要吃苦受累，生活在社会底层。"可是孩子还小，他们并不会像爸爸一样想得那么长远，他

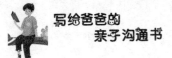

们只想现在就得到爸爸的表扬。爸爸应该了解孩子的心理，满足孩子的需求，在当下就以慷慨表扬的方式满足孩子的这种情感诉求。要知道，就像成人在工作上取得成就之后想要得到领导的表扬一样，孩子在生活中有任何进步也想要得到爸爸的表扬。爸爸不妨将心比心，理解孩子对表扬的渴望，那么就既能主动表扬孩子，又能以表扬作为加油站使孩子充满动力。

还需要注意的是，爸爸是孩子的老师，是孩子成长路上的监护人和陪伴者。如果爸爸始终以冷漠的形象出现在孩子面前，那么日久天长，孩子受到爸爸的影响，必然也会变得很冷漠，缺少热情。有些孩子小小年纪就不愿意别人称赞他们，这与他们很少从爸爸那里得到称赞密切相关。有些孩子固然渴望得到称赞，但却在真正得到称赞的时候局促不安，面色通红，这也是因为他们还没有习惯被人称赞和表扬呢！

有些爸爸虽然下定决心表扬孩子，却总是漫不经心，轻描淡写。生活是需要仪式感的，很多事情如果没有仪式感，就会变得无足轻重。反之，哪怕是一件小事情，只要有仪式感，也会非常隆重。所以爸爸在表扬孩子的时候要有仪式感，甚至可以适度地夸张。具体来说，就是要在表扬孩子的时候提到孩子的努力，认可孩子的付出，足够重视孩子。只要做到这三点，爸爸就能打破轻描淡写的魔咒，让表扬在孩子的心中激起涟漪。

作为爸爸，在任何情况下，都不要吝啬给予孩子表扬。若爸爸足够慷慨地表扬孩子，孩子就会觉得接受表扬或者表扬他人是一件理所当然的事情，从而很坦然很从容地面对溢美之词。当然，要想让孩子达到这样的境界，爸爸必须从现在开始就改变自己与孩子相处的模式，让自己成为最愿意和最擅长表扬孩子的人。

# 表扬要适度，不可泛滥成灾

看到这里，可能有些爸爸会说：是啊，直到今天我才知道我在孩子心目中这么重要，才知道表扬居然有如此神奇的作用和力量。既然如此，我就无限度地表扬孩子吧，反正只有好处，没有坏处嘛！谁说表扬只有好处没有坏处呢？表扬一旦过度，就会产生相反的效果，导致事与愿违。要想让表扬发挥最大作用，爸爸必须把握适度的原则，切勿让表扬泛滥成灾，也不要让表扬用力过猛。

很多爸爸不管大夸孩子还是小夸孩子，常常喜欢夸张地表达，实际上却是在不知不觉间害惨了孩子。只有适度的表扬，才能恰到好处地发挥作用。

最近，甜甜要代表班级参加学校里的作文选拔比赛，还有可能代表学校参加市里的晋级赛。对此甜甜很忐忑，总是担心自己的表现不能达到老师的预期，会使老师失望。看到甜甜紧张焦虑的模样，爸爸对甜甜说："甜甜，你们学校里你的作文水平是最高的，要是你都不能得奖，那么其他人更没希望！"然而，甜甜并不认可爸爸的话，她说："我的作文水平才不是全校最高的，就算在班级里，也有别人比我写得好，只是他们不想参加作文比赛那么辛苦而已。"对于甜甜的

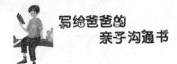

自我定位，爸爸不以为然，说："怎么可能呢，我的女儿是最棒的！放心吧，爸爸保证你能在学校里获得一等奖，在市里获得二等奖。"对于爸爸的这种盲目自信，甜甜无奈地笑了笑。

在这个事例中，爸爸原本是出于好心，想要帮助甜甜提振信心，缓解焦虑。然而，爸爸不了解甜甜班级和学校里其他孩子的作文水平，就妄下定论，所以才无法说服甜甜相信自己。爸爸固然要多鼓励孩子，多夸赞孩子，但都要以事实为依据。如果爸爸的表扬建立在空洞的基础之上，那么表扬就是站不住脚的，也不能真正起到激励孩子的作用。具体来说，爸爸过度地表扬孩子会有哪些副作用呢？

第一，爸爸夸夸其谈，会让孩子心生反感。爸爸的谬赞使孩子觉得很反感，甚至觉得爸爸不负责任。作为爸爸，一定要在尊重事实的基础上赞扬孩子，倘若把赞扬的话说得过了头，则有可能会给孩子施加更大的压力。孩子也许会想：天啊，在爸爸心目中，原来我这么厉害呢！哎呀，可惜啊，我真实的表现可能要让爸爸失望了。

第二，过度夸赞孩子无异于给孩子定下了超高的目标，使孩子为了与爸爸心目中的理想形象趋于一致，必须得拼尽全力去做到更好。但是，他们知道自己目前的能力还是很难成为爸爸夸赞的样子，但是他们又不想让爸爸失望，为此他们会产生挫败感，甚至在百般努力却毫无效果之后，选择彻底放弃。

第三，爸爸应该始终牢记，夸赞的目的是给孩子自信，激发孩子的潜能，激昂孩子的斗志。否则，爸爸的夸赞就会变成脱口秀表演，听起来很好听，对孩子却没有实际意义。

第四，虽然近些年来赏识教育被提升到一定的高度，但是赏识从来不是教育的灵丹妙药。同样的道理，夸赞也不是教育的灵丹妙药。很多爸爸盲目地迷信赏识教育，坚持没有原则地赞扬孩子。当孩子表现突出的时候，他们不知道孩子身上有哪些是可圈可点的；当孩子遭遇挫折的时候，他们从不分析孩子为何失败，只是盲目地夸赞孩子，认为多多鼓励孩子、多多表扬孩子总是没错的，最终把夸赞变成了毫无意义的形式。不可否认的是，爸爸们的确非常辛苦和忙碌，但是这并不是爸爸们"简化"家庭教育的理由。

　　既然过度表扬的负面作用这么多，爸爸们一定要注意，切记不要过度表扬孩子。明智的爸爸们要在表扬孩子之前先思考：自己为什么表扬孩子，想要达到怎样的目标？爸爸们只有想得更加细致周到，做好充分的准备，才能让表扬发挥出良好的作用，起到最佳的效果。记住，凡事皆有度，过犹不及。这句话告诉我们，适度才是适用于一切事物的通用准则，爸爸表扬孩子同样如此。

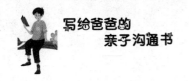

# 表扬要适时，不可拖延

在表扬孩子的时候，爸爸一定要把握适时的原则，不要拖延。当爸爸能给予孩子最及时的表扬，孩子就会给予爸爸最好的回应。

那么，何为适时呢？适时，就是在孩子做出一些好的举动时，及时夸赞孩子；或者在得知孩子的表现可圈可点时，及时肯定孩子。有些爸爸总觉得表扬孩子时机很难掌握，担心当着他人的面表扬孩子会使孩子骄傲，担心当着其他孩子的面表扬孩子会让其他孩子觉得尴尬，担心毫不迟疑地表扬孩子会使孩子不知道珍惜……其实，爸爸的想法完全多虑了。孩子是值得表扬的，这一点毋庸置疑，那么为何要让孩子等到你认为合适的时机呢？明智的爸爸知道，及时的表扬才最有力量，最能打动孩子的心灵。

傍晚，甜甜放学刚刚回到家里，就拿着自己得到的"阅读小达人"奖状一头扎进爸爸的怀里，还把奖状举得高高的，给爸爸看。这时，爸爸正在处理工作上的一些事情，他甚至没有看清楚甜甜拿的是什么奖状，就敷衍了事地说："哎呀，甜甜真棒，快去玩吧，爸爸正在工作。"甜甜的喜悦肉眼可见地缩水了，她有些沮丧地拿着奖状，回到自己的房间里。

晚上吃饭的时候，妈妈说起老师特意私信表扬了甜甜，因为甜甜在一个学期的每一节阅读课上表现都特别好。让妈妈惊讶的是，听到妈妈的夸奖，甜甜并没有很开心。妈妈提醒甜甜："甜甜，快把你的奖状拿来给我们欣赏一下，好不好？"甜甜毫无兴致地说："没什么好欣赏的，我已经放起来了。"妈妈狐疑地看看爸爸，问："甜甜给你看过了吗？"爸爸一头雾水，说："没有啊。"甜甜听到爸爸的回答很生气地说："爸爸撒谎，我一回家就给你看过了。"妈妈恍然大悟：一定是爸爸的反应打消了甜甜的积极性。妈妈赶紧给爸爸使眼色，毕竟解铃还须系铃人啊。爸爸也意识到自己所犯的错误，当即夸张地对甜甜说："甜甜，今天下午太匆忙了，爸爸还没看仔细，也没看够。请你再拿出来给我和妈妈一起欣赏吧，我们都为你骄傲，你简直太棒了。爸爸像你这么大的时候，根本不能独立阅读。"听到爸爸的夸赞，甜甜尽管有些消气了，但还是心不甘情不愿地去拿来了奖状。爸爸妈妈见状赶紧一起夸赞甜甜，终于又让甜甜变得开心起来。

在这个事例中，甜甜放学回家的举动表明她为自己获得这张奖状而感到自豪，迫不及待地想把这个好消息与爸爸分享。哪知爸爸不走心的表扬如同一盆冷水泼在甜甜心上，使得甜甜兴致索然。过了这个有效期，爸爸再来表扬甜甜，甜甜的兴奋劲儿已经过去了，就不会像刚一开始那样对表扬满怀期待了。这就是甜甜提不起兴致的根本原因。如果当时爸爸能放下手里的工作，配合甜甜，及时表扬甜甜，那么甜甜的兴奋劲儿也许能维持到妈妈回家的时候，这样他们一家三口就可以好好地庆祝一番了。

爸爸要知道，孩子对自己一点一滴的进步都非常重视，所以爸爸也要给予孩子同样的重视，而不要漠视孩子的进步，忽视孩子所取得的成就。

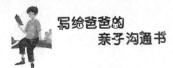
适时表扬孩子是非常重要的，爸爸要始终牢记。

要想做到适时表扬孩子，爸爸就要做到以下几点。

首先，当孩子有了出色的表现时，爸爸不管多么忙碌，都要马上放下手中的事情，专注地倾听孩子，也要真心地表扬孩子。孩子虽然小，但是特别敏感，能够听出爸爸话中是虚情假意还是真心实意，也能够听出爸爸是否在敷衍他们。不要为了节省几分钟的时间伤了孩子的心，否则爸爸失去的将会是孩子弥足珍贵的信任和满心欢喜要与爸爸分享的快乐。

其次，爸爸不要延迟表扬孩子，而要当即表扬孩子。表扬应该是及时的，而不能是滞后的。时间就是表扬的冷凝剂，哪怕只是拖延很短暂的时间，时间也会迅速冷凝表扬的温度。不管在什么场合下，不管有什么人在场，只要孩子是值得表扬的，爸爸就应该理直气壮地表扬孩子。对于爸爸而言，拥有值得表扬的孩子是莫大的骄傲！

最后，表扬的时候要得到孩子的回应。有的时候，爸爸的表扬非常隐晦，孩子未必能够理解爸爸的意思；也有可能爸爸表扬的声音太小，孩子压根儿没听见。为了避免孩子错过表扬的情况出现，在发出表扬的信息后，爸爸要等待接收孩子的反馈。只有在接收到孩子的反馈之后，才能证明孩子接收到了爸爸的表扬，爸爸也才完成了这个艰巨的任务。对于那些因为得到表扬而得意洋洋的孩子，切勿因此而打击他们，孩子偶尔骄傲得意一下，并不会有多么严重的后果。有些孩子缺乏自信，哪怕已经得到了表扬，也会觉得自己能力不足，未必能继续表现得这么好，他们甚至会提醒爸爸，自己只是偶尔的"发挥超常"。对于这种缺乏自信的孩子，爸爸要借此机会大力鼓励孩子，帮助孩子提振信心，激励孩子再接再厉，这对孩子的成长将会大有裨益。

无论怎样，每一个孩子都盼望着得到爸爸的表扬。作为爸爸，可不要让孩子等待得太久，更不要让孩子失去耐心。当爸爸的表扬能够成为孩子前进动力的源泉时，爸爸就会成为赋能型爸爸，能够给孩子无穷无尽的力量！

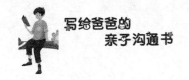
# 表扬要具体，不可空洞

听说多表扬孩子有很多益处，一些爸爸就像找到了教育孩子的法宝和灵丹妙药一样，总是无限度地表扬孩子。然而，我们在前文已经讲过过度表扬的危害，相信爸爸们已经了解，有效的表扬理应适度和及时。不过，除此之外，爸爸们还应知道表扬要讲究合适的方式，否则，就像用力过猛会导致表扬无法起到预期的效果那样，过于空洞的表扬，同样会起到相反的效果。

如果有机会把爸爸们表扬孩子的话汇集起来编成一本书，那么这本书一定堪比《笑话大全》。当然，这本书的幽默性并不是因为它多么生动有趣，而是在于它很枯燥乏味。和普通的图书至少上百页相比，这本书很可能只有一页，而这一页上很可能只有三句话："你真棒！""你太优秀了！""你是最厉害的！"没错，你一点儿都没看错！如果你怀疑自己的眼睛，不如静下心来想一想：你在表扬孩子的时候，是否也就是用这样的三句话。难道爸爸们真的就这么词穷，表扬孩子都想不出新鲜有趣的语言吗？答案是否定的，这个局面背后的原因也是多样的。这一则是因为爸爸们词汇量少，二则是因为爸爸们在表扬孩子时根本没用心，三则是因为爸爸们只想敷衍孩子，而不是发自内心地赞美孩子。这三个原因都让孩子心碎，因为他们再也不想听到这样的三句表扬啦。

其实，要想让表扬有点儿花样，不至于显得那么词穷，还是有秘诀可用的。例如，爸爸要投其所好，以孩子的生动语言表达赞美；可以使用一些孩子喜闻乐见的网络语言，增强表扬的幽默性和趣味性；可以学习一些土味情话，经过改编之后使其适用于表扬孩子。正如人们常说的，办法总比困难多，关键在于要用心。

　　在诸多方法中，有一个方法屡试不爽，那就是实实在在地夸赞孩子，具体生动地夸赞孩子，就事论事地夸赞孩子。如果爸爸只是夸赞孩子本身，那么除了"厉害""棒极了""很优秀"这些词语之外，的确找不出更多的词语来赞美。但是，如果爸爸改变思路，夸赞孩子所做的值得表扬的事情，那么爸爸马上就会有了灵感，表达也会更加丰富生动。

　　当然，要想实现这一点，前提就是爸爸要切实看到孩子有可夸赞的表现，才能真心地夸赞孩子。如果是溜须拍马式的夸赞，没有任何事实作为根据，要做到这一点就会很难。更进一步来说，爸爸要有敏感的心灵，要有善于发现的眼睛，随时看到孩子做得好的地方，这样才能瞅准机会对孩子大加赞赏。

　　实实在在地夸，应该如何做呢？

　　首先，要关注孩子的表现，而非关注孩子。孩子正处于成长的过程中，他们每天的生活都是不同的，每时每刻的举动也是不同的。举个简单的例子，爸爸想夸赞孩子很孝顺，那么只说孩子孝顺是没有说服力的。如果爸爸看到孩子在吃饭的时候给爷爷奶奶剥虾，夸赞孩子："宝贝，你长大了，懂事了，知道心疼爷爷奶奶了。在你小时候，爷爷奶奶剥虾给你吃，现在你也知道剥虾给爷爷奶奶吃了。真好，我为你感到骄傲，宝贝！"试问，孩子是愿意听到一句"你真孝顺"，还是愿意听到后面的这

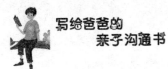
一句呢？当然是后者。后面的这句话表明爸爸把孩子的一举一动都看在眼里，并且被孩子感动了，爸爸看到了孩子的好，看到了孩子身上的闪光点，这才是真正的赞美。

其次，要以认真的态度夸赞孩子。所谓认真的态度，指的是不敷衍了事。很多爸爸整日忙忙碌碌，甚至在和孩子说话的时候还在忙着自己手里的事情，在和孩子一起吃饭的时候还在盯着自己的手机屏幕。爸爸的心不在焉，会引起孩子的反感，使孩子觉得自己不被关注且不被尊重。这样的爸爸不管怎么夸赞孩子，都无法打动孩子的心。由此可见，实实在在地夸赞，除了要陈述事实之外，还要做到全心全意。

再其次，要看到孩子不为他人关注的优点，或者是细小入微的举动。一个优秀的孩子常常会得到他人的夸赞，他们自带光环，不管走到哪里都会成为众人瞩目的焦点。渐渐地，他们会对夸赞习以为常，普通的夸赞已经不足以打动他们的心了。在这种情况下，爸爸要想以夸赞拨动孩子的心弦，就要看到孩子的与众不同。例如，一个孩子品学兼优，在学校里是所有老师的得意门生，在家庭里是全家人的骄傲。那么爸爸无须再夸赞孩子的学习，而是可以在孩子有一次帮助路人之后，真诚地对孩子说："孩子，我为你感到骄傲，你能看到那些需要帮助的人，也愿意对他们伸出援手。如果整个社会上大多数人都和你一样，那么世界就会充满爱。爸爸很欣慰，你是一个善良的孩子！"这样的夸赞一定会打动孩子，并且会强化孩子友善的、充满温暖的行为。

最后，夸赞孩子努力的过程，而不要夸赞孩子聪明。很多人都喜欢以聪明夸赞孩子，仿佛孩子一旦具备了聪明的特质，就一定能够成人成才一样。其实，夸赞孩子聪明很容易误导孩子，并且使得孩子不愿意继续努力。聪明的爸爸不会夸赞孩子聪明，而是会夸赞孩子勤奋努力。因为在这个世界上，没有谁是仅凭着聪明就能获得成功的，古今中外有所成就的人，无一不是坚持付出和不懈努力的。在夸赞孩子努力的时候，爸爸还要刻意强调过程。例如孩子这次考了一百分，爸爸切勿说"我家孩子就是聪明"，当然，也不要说"我家孩子就是努力"，而是要说"孩子，你这次取得了这么好的成绩，都归功于你的努力和坚持不懈。爸爸亲眼看到你每天放学一回家就主动完成作业，而且作业质量很高，每一个字都写得工工整整。除非周末，否则你从来不看电视不玩游戏，哪怕写完作业还有空余时间，你也会坚持课外阅读"。当爸爸这么说时，孩子就会继续保持好习惯，一回家就写作业，一写完作业就看课外书。爸爸的夸赞把努力的过程更深刻地镌刻在孩子的头脑中，使得孩子对于努力更加持之以恒。孩子也会因为爸爸看到了他努力的过程，而对爸爸更加重视，更加信任，从而与爸爸之间建立更加亲密无间的关系。

这就是表扬的艺术。爸爸们固然要表扬孩子，却不能拖延、空洞、敷衍，而是要及时、具体、真诚。唯有如此，爸爸的表扬才能激励孩子始终坚持不懈，努力上进。

# 用对批评，是教育至高艺术

　　说起表扬孩子，爸爸也许缺乏经验，但是说起批评孩子，爸爸却拥有丰富的经验。有哪个爸爸没有批评过孩子呢？只不过是批评的次数和表达的力度不同而已。一旦说到爸爸批评孩子，很多人当即就开始指责爸爸，认为爸爸不懂得教育的艺术，更不能以沟通的方式打开孩子的心扉。其实，爸爸们有时也会觉得很冤，因为他们有时并不是只想用批评的方式来和孩子沟通，而是不知道要如何和孩子沟通。当然，批评不全都是不好的，用对了批评有时还会起到神奇的效果。可是最难的，也正是如何用对批评。

　　在这个世界上，人们在从事很多工作之前都需要接受培训，但是在从事毕生最伟大也最艰难的事业——父母之前，绝大多数人都没有机会接受培训，只能像小马过河一样去摸索和领悟。教育孩子也是如此。如今，太多的爸爸都把批评当成教育孩子的良药，却不懂得采用正确的方式方法批评孩子，也不知道如何在批评的同时保护孩子的自尊心，给孩子真正的出路。由此我们可以得出一个结论，即爸爸们需要的是接受训练和接受帮助。

　　最近，皮皮在人际交往方面经常犯错误。才刚刚吃过午饭，爸爸正准备午休片刻，就接到了老师的电话。老师怒气冲冲地说："皮皮爸爸，你必须马上来学校一趟，皮皮又打人了。"爸爸挂断电话，火速赶往学校，本周内，他已经是第二次被老师紧急"召见"了。

爸爸匆忙赶到办公室，看到皮皮正蔫头耷脑地站在老师身边，他冲着皮皮说道："皮皮，你还真把这里当成是武术学校啦，那你一定觉得很寂寞吧，因为没人愿意陪着你切磋武艺啊！这是我最后一次原谅你，你如果再犯这样的错误，我就把你送到少林寺去学武功，让你吃足苦头，想回都回不来！"听了爸爸的话，皮皮忍不住想笑，却又因为老师在旁边不敢笑。紧接着，爸爸就给老师道歉，又责令皮皮向挨打的同学道歉。安抚好老师和同学之后，皮皮才被准许回到教室继续上课。他很忐忑，生怕傍晚放学回到家里之后，会吃爸爸的一顿"竹笋炒肉"。

放学后，他紧张地回到家里。看到爸爸正坐在沙发上，他赶紧走过去向爸爸道歉。爸爸满脸严肃地对皮皮说："皮皮，今天我虽然当着老师的面批评了你，但还是给你留了面子的。你应该心中有数吧。"皮皮连连点头，感谢爸爸。爸爸继续说道："我想郑重告诉你，下不为例。如果再有下一次，我就不会给你留面子了。"皮皮发自内心地感激爸爸，他管好自己，再也没有打人了。

在这个事例中，爸爸到了老师办公室批评皮皮的那番话，不仅给了老师面子，也给了皮皮面子，还圆满地解决了问题，可谓高明。有些爸爸脾气非常火爆，一旦被老师临时叫到学校去，看到孩子，就会把所有的怒气都发泄到孩子身上。殊不知，孩子在熟悉的老师和同学们面前是最爱面子的，如果爸爸不能给孩子留面子，使得孩子的自尊心受到伤害，孩子就会

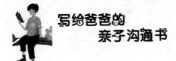

憎恨爸爸，不知悔改，甚至变本加厉。在上面的事例中，爸爸的话绵里藏针，说得风趣幽默又有力度，才能消除紧张的气氛，让老师也忍不住被逗乐，从而消除怒气。

近几年来，因为爸爸批评孩子不当，与孩子之间发生矛盾冲突的事情并不少见。生活中，除了爸爸会以批评激怒孩子之外，有些妈妈也因为被气昏了头而口不择言，对孩子进行语言暴力，使孩子无法承受。这样的悲剧一旦发生，作为父母不管多么懊悔，都无法挽回糟糕的结果。所以，爸爸最重要的是要控制住自己的情绪。常言道，祸从口出，越是准备开口说话的时候，越要三思，这样才能保证不说不该说的话。

有些爸爸觉得孩子非常单纯，并没有那么敏感和细腻，因而在对孩子说话的时候往往不假思索。其实，孩子处于不断成长的过程中，他们的自尊心越来越强，也越来越爱面子。为了保护孩子的自尊，爸爸在批评孩子的时候除了要进行周到的考量之外，还要避免当着他人的面训斥孩子。孩子和成人一样想要维护自尊，顾全面子。爸爸不管多么生气，都要控制住自己的情绪，切勿因为一时冲动就不顾孩子的颜面，当着外人的面训斥孩子。这么做不仅会伤害孩子，也无法起到预期的教育目的，可谓是得不偿失。爸爸一定要牢记这个原则，才能真正发挥批评的艺术，用对批评的方式，从而教育好孩子。

# "三明治"式批评，让效果事半功倍

　　相信很多爸爸都曾喂孩子吃过药。对于年幼的孩子而言，他们根本不想吃那些苦涩得难以下咽的药。为此，爸爸们费尽周折把药放到他们的嘴里，他们却又马上用舌头把药物顶出来。这使得喂孩子吃药成为令大人身心俱疲的一件事，很多爸爸最怕孩子生病吃药。不过，细心的爸爸会发现，有一种药孩子不但愿意吃，还会偷吃呢。这是怎么回事？这种药为何有这么大的魅力呢？原来药的外壳包裹了糖衣。其实，不仅孩子吃的很多药都是有糖衣的，成人吃的很多药也是有糖衣的。例如成人服用的黄连素片，就是包裹糖衣来掩盖黄连的苦味。在糖衣的保护下，药物甜滋滋的，能够顺利地经过口腔进入胃部，而胃部是没有味觉的，这个时候即使糖衣已经消融，人们也感觉不到苦了。虽然糖衣带有明显的欺骗性，有混淆味觉的作用，但是它能让人们顺利地把药吃下去，把病治好，这才是根本目的。

　　对于孩子而言，批评也同样是难以接受的，带给他们苦涩的味道，甚至不亚于黄连。正是因为如此，很多孩子发自内心地抵触批评。一旦被爸爸批评，他们或者选择性失聪，或者会躲藏到听不见批评的地方，或者把自己的耳朵堵塞起来。也有些孩子会为自己辩解，他们觉得自己没有错，不该被批评，因而振振有词。那么，如何才能让孩子愿意接受批评，并且

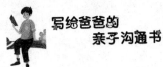
积极地改正错误的做法呢？这就需要爸爸们想出好办法了。

具体来说，爸爸们在想办法的时候要遵循两个原则：一个是要根据孩子的脾气秉性出发。每个孩子的性格都是不同的，有的孩子吃软，有的孩子吃硬，有的孩子软硬不吃。爸爸必须摸准孩子的脾气秉性，才能有的放矢地想出好办法为孩子指出错误。另一个是要根据现实的情况，可以顺势而为，也可以逆势而动。总而言之，面对的孩子不同，采取的批评方法也要不同；即使面对同一个孩子，因为孩子处于不同的情境，所以爸爸也要采取不同的方法。例如，在公开场合当着他人的面批评孩子，和在私下场合批评孩子，爸爸要采取的方法必定不同。

我们受到黄连素穿糖衣的启发，想出了一种对于大多数孩子都很适用，且能在很多场合都起到良好效果的批评方法，就是"三明治"式批评。听到这个名字，很多爸爸一定感到奇怪：批评孩子怎么还和三明治扯上关系了呢？其实想一想三明治的做法，你就会恍然大悟。原来，我们虽然无法给批评裹上糖衣，却可以给批评穿上伪装啊！三明治就是把两片面包之间夹着火腿、鸡蛋、肉松等馅料。那么我们不妨把批评看作馅料，而用"甜言蜜语"作为面包，把馅料两面包裹起来。这样孩子只要想吃"三明治"，就会连着面包和馅料一起吃下去，爸爸自然也就达到了预期的目的。现在，爸爸们是不是觉得"三明治"式批评法名副其实，非常形象呢？

最近，乐乐花钱很凶。和以往一样，爸爸每周都给乐乐五十元零花钱。但是，乐乐只要两三天就会把所有的钱都花光，再来和爸爸要钱。经过询问，爸爸得知乐乐并没有买什么额外需要花钱的东西，他不由得很担忧：乐乐小小年纪就这么爱花钱，将来可怎么得了呢！思来想去，爸爸决定和乐乐谈谈。

周末，爸爸带着乐乐去超市里采购一周的食材。通常，这个工作都是由妈妈做的。不过妈妈恰好出差了，特意打电话让爸爸和乐乐一起负责采购。爸爸灵机一动，决定抓住这个机会提醒一下乐乐。

在超市里，爸爸和乐乐齐心协力，很快就把需要的日常用品和一周食材都放到购物车里了。结算的时候，爸爸把钱给了乐乐，让乐乐负责结账，爸爸则假装需要打电话，提前离开了结算通道。乐乐看着收银员熟练地扫码，看着小小显示屏上的数字不断增加，又掂量着自己手心里握着的四百元钱，很忐忑。终于，所有的商品都扫码之后，需要支付398元。乐乐结算完，感慨地对爸爸说："爸爸，我们只买了这么点儿蔬菜和日用品，就花了398元呢！"爸爸趁此机会对乐乐说："是啊。家里的开销是很大的，所以我跟妈妈才要这么辛苦地工作。乐乐，我和妈妈都很庆幸，你从来都是节俭的孩子，我记得以前你每周都能节省下一些钱。这太让我们欣慰了，你并不像其他孩子那样大手大脚，不知道父母的辛苦。不过，最近你花钱有点儿超标了，我想你可能买了一些必需品。如果你有额外需要花钱的地方，可以单独向我申请，不用每次都让零花钱超标。我相信你一定能够管理好金钱，因为你是一个很理智的孩子，不会跟风消费。这一点上，你比爸爸做得更好！"听了爸爸的话，乐乐羞愧地低下头。经过这次谈话之后，乐乐除了单独和爸爸申请了购买文具盒的二十元钱之外，零花钱再也没有超标过。

在这个事例中，爸爸批评乐乐就采取了"三明治"式批评。他没有一

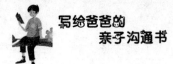

上来就劈头盖脸地数落乐乐，而是先表扬乐乐很节俭，也能体谅父母的辛苦。然后，爸爸说乐乐最近花钱有些超标。最后，爸爸表示很信任乐乐，还表扬乐乐在金钱消费方面的表现比爸爸还好。就这样，乐乐虽然不愿意被批评，但是却得到了两次表扬，他既感到开心，又感到羞愧，所以决定就像爸爸说的那样，做得更好。这样一来，爸爸就达到了预期的目的，既批评了乐乐，又没有和乐乐之间发生冲突，反而促使乐乐主动做出改变，管理好自己的零花钱，简直是事半功倍。

很多爸爸都性格耿直，在和孩子沟通的时候并不会拐弯抹角，而是直截了当，开门见山。其实，在很多情况下，委婉地表达将会起到更好的效果，也让孩子更容易接受。为了与孩子更好地沟通，爸爸们要努力地学习"三明治"式批评，相信爸爸们一定会因此而收获满满！

# 谁说批评都要急赤白脸

　　说起批评，爸爸第一反应就是要严肃，仿佛必须急赤白脸，批评才能起到更好的效果。其实，这样的想法完全错误。谁说批评都要急赤白脸呢？很多情况下，和颜悦色的批评反而能起到更好的效果。遗憾的是，太多的爸爸都没有意识到这个真相，一批评孩子就会声色俱厉，把孩子吓得胆战心惊。这样的批评对于孩子而言就像一场噩梦，会给孩子带来恐惧的阴影。正因如此，孩子在受到惊吓之后反而完全不知道自己应该怎样做，更加无法及时改正错误。而面对手足无措的孩子，爸爸往往会更加生气，更加严肃地批评孩子。这就使得亲子教育进入了恶性循环之中。仔细分析不难得知，这种沟通模式的显著特点就是，肯定父母，否定孩子。使用这样的批评方式，爸爸给孩子传达的信息是，爸爸是正确的，孩子是错误的。就这样，爸爸变成了"常有理"，而孩子则变成了"常出错"。有些爸爸哪怕明知道自己错了，为了让批评显得义正词严，也会严肃地否定和批判孩子，而不会向孩子承认错误，更不会向孩子道歉。这样的爸爸非常强势，在家庭中扮演着不容侵犯的角色。他们对孩子的容忍度本来就很低，更别说宽容孩子了。他们会犯一个典型的错误，那就是只许州官放火，不许百姓点灯。为此，他们总是一脸严肃地批评孩子，还时常急赤白脸，给孩子很多的负能量。

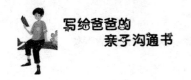

一天，皮皮和往常一样在书房里玩。他上蹿下跳，就像一只顽皮的猴子，无法无天，肆无忌惮。正当皮皮从沙发上猛地趴到书桌上的时候，打翻了书桌上的水杯，水杯里是爸爸刚刚泡好的滚烫的茶水，而这些茶水一下子就把爸爸的笔记本电脑淹了。皮皮紧张地大喊起来。爸爸闻声赶到书房，看到眼前的一幕，气得火冒三丈。他板起面孔对皮皮说："皮皮，你这个可恶的家伙，怎么把茶水打翻了。我的笔记本里面还有我刚刚做好的方案呢！"

爸爸简单收拾了一下，尝试打开笔记本，但是笔记本打不开了。如果说他原本的愤怒是三级，那么他现在的愤怒已经飙升到了七级。他想抬起手狠狠地揍皮皮，却始终没有下得去手。爸爸只好咬牙切齿地说："皮皮，你就是个不折不扣的捣蛋大王，以后不经过我的准许，你不能进入书房，记住了吗？记住了吗？记住了吗？"虽然爸爸把重要的事情说了三遍，但是皮皮并没有记住，因为他满眼睛满脑子都是爸爸愤怒的模样。这件事情发生不久，皮皮又在书房里闯祸了。爸爸气得抓狂，质问皮皮为何不听话。妈妈看到爸爸的模样，提醒爸爸："你气得都要冒烟了，也许皮皮只记住了你愤怒的情绪，根本没有记住不能来书房里顽皮。"说完，妈妈和颜悦色地对皮皮说："皮皮，你要记住哦，你不能来爸爸的书房里玩，因为爸爸的书房里有很多重要的资料。尤其不能碰爸爸的笔记本，因为笔记本里有很多工作的内容。爸爸必须认真工作，才能赚更多的钱，给皮皮买好吃的，知道吗？皮皮想要玩具吗？想吃冰淇淋吗？"皮皮点点头，真正记住了妈妈的叮嘱，很少再来书房里淘气了。

如果爸爸过于生气地和孩子沟通，表现出很用力的表情和动作，那么孩子就会记住爸爸愤怒的模样和情绪，而对于爸爸说了什么，叮嘱了什么，则全然忘记。在上述事例中，皮皮对于妈妈的话和爸爸的话有截然不同的反应，就是最好的证明。

作为爸爸，不管多么生气，在教育孩子的时候始终要牢记一个原则，即教育孩子的目的是使孩子认识到自身的错误，是为了使孩子能够主动改正错误，而不仅仅只是为了打击或者吓唬孩子。俗话说，不忘初心，方得始终。爸爸唯有不忘初心，才能始终牢记教育的终极目的，也才能给孩子最好的教育。

通常来说，那些声色俱厉、急赤白脸的爸爸，大多会采取以下几种表达方式和孩子沟通，批评孩子。只要避开这样的表达方式和批评方式，爸爸们就能在亲子沟通时有更好的表现，也能取得更好的沟通效果。

第一，权威命令型。很多爸爸习惯于对孩子发号施令，总是告诉孩子必须凡事都听从爸爸的安排，必须按照爸爸的命令去做。日久天长，孩子就会变成爸爸的提线木偶，不管做什么事情，都遵从爸爸的旨意。也有些孩子会刻意地违抗爸爸的命令，和爸爸作对，因为他们想要坚持自己的主见，做好自己该做的事情。

第二，挖苦讽刺型。有些爸爸因为孩子犯下错误而怒不可遏，他们就会口无遮拦地打击孩子的自信心，碾轧孩子的自尊心。当爸爸经常挖苦和讽刺孩子时，孩子就会产生破罐子破摔的心理，认为自己既然不管怎么做都不能得到爸爸的认可与肯定，那不如就自暴自弃，顺其自然。

第三，指责批评型。这种类型的爸爸动辄批评和否定孩子，认为孩子不管怎么做都不对，总能从孩子身上挑出各种毛病和错误。长此以往，孩

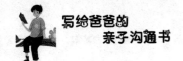

子信心尽失。作为爸爸，一定要改变心态，哪怕孩子是因为不听爸爸的话而受到教训，爸爸也不要指责孩子，否则就会使孩子束手束脚，不能勇敢地去做各种事情。

总而言之，孩子就是在不断犯错和试错的过程中成长起来的。作为爸爸，一定要全力支持孩子，在必要的时候还要给孩子更多的引导和帮助。无论何时何地，爸爸都要成为孩子的坚强后盾，这样才能给予孩子更多的勇气和力量，孩子也才能健康茁壮地成长。当然，这并不意味着爸爸不能批评孩子。每个孩子都会犯错，这是成长过程中的正常现象，爸爸要做的是以恰当的方式给孩子指出错误，以恰到好处的力度和方式批评孩子，让孩子既不至于自尊心受伤，又能积极地反省自己的错误，全力改正错误，这才是最好的结果。

# 幽默的批评，你与孩子心知肚明

很多爸爸已经习惯了一本正经、满脸严肃地对待孩子，却忽略了孩子不仅需要严格管教，也需要调味剂，简单来说，就是能做到轻松活泼地生活，积极乐观地面对很多事情。如今，有不少孩子都缺乏心理承受能力，动辄会伤害自己，自暴自弃，这与他们从小生活在紧张压抑的家庭中密切相关。作为爸爸，有义务也有责任营造轻松愉悦的家庭氛围。在家庭生活中，如果爸爸能对孩子开展言传身教，潜移默化地教育孩子，培养孩子乐观坚强的品质，那么孩子在面对生活中的风浪时，就会更加从容。从这个意义上来看，爸爸以幽默的表达方式来批评孩子，不仅决定了孩子接受批评时的情绪和感受，也会影响孩子将来的人生态度。

那么，什么才是幽默的批评呢？如何才能做到幽默地批评孩子呢？首先，爸爸要有幽默的特质。有人误以为幽默就是开玩笑，其实，幽默和开玩笑截然不同，幽默是高级的智慧，爸爸必须足够机智，掌握全面而又充分的知识，才能真正幽默起来。其次，爸爸要发自内心地尊重孩子，平等地对待孩子，一个居高临下对孩子发号施令的爸爸，是不可能幽默地与孩子沟通的。再其次，幽默要随机应变。有些爸爸明明不懂幽默，不善于发挥幽默的能力，却又总是要在不合时宜的时候幽上一默，给人的感觉很牵强，这反而会使孩子感到尴尬。最后，爸爸的态度要乐观，积极向上，能

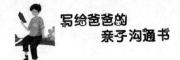

够换一个角度看待问题，辩证地分析问题。如果爸爸遇到事情总是爱钻牛角尖，一旦被孩子激怒就无法平复情绪，或者只是盯着孩子的错误，那么爸爸就无法全面地分析和思考问题，从而导致自己和孩子都陷入被动的状态之中。

幽默，是亲子沟通的调和剂。越是在批评孩子，气氛剑拔弩张的时候，爸爸越是要使用幽默的批评法，让亲子沟通更加和谐，更加顺畅。从辩证唯物主义的角度来看，很多事情都是公说公有理，婆说婆有理，所以爸爸要能够客观看待问题，全面分析问题，才能理解孩子的苦衷，也才能给孩子更多的包容。


这次考试，乐乐的成绩有了很大的波动，也许是因为他最近得到了班级里某个女生的垂爱，导致分散了部分精力吧。对于这一点，爸爸也能理解，毕竟乐乐长得又高又帅，一看就是女生喜欢的暖男类型。但是，乐乐才刚刚上初一，爸爸可不想让乐乐因此而导致学习成绩滑坡。爸爸始终认为，中考是比高考更重要的，因为进入好高中才会有浓郁的学习氛围，才会享受优质的师资条件，从而更加顺利地考上名牌大学。不过，爸爸也还没有想好要如何给乐乐做思想工作，他一直都在寻找最佳时机。

一天，爸爸带着乐乐参加家庭聚会，亲戚朋友们看到乐乐长得这么高，纷纷夸赞乐乐，还有人调侃乐乐："乐乐，你在学校里一定是万人迷吧！"爸爸脑中灵光一闪，认为这是点拨乐乐的绝佳时机，因而接茬儿说道："当然，我儿子又高又帅，我要是个女孩，我都想追求他了。不过我们乐乐可是有主心骨的，他不会来者不拒的。"说完，爸爸意味深长地看了乐乐一眼，问道："乐乐，爸爸了解你吧。"乐乐不好意思地笑了笑。后来，他渐渐地疏远了那个女孩，又把心思用在学习上，学习成绩也突飞猛进了。

孩子进入青春期后对异性感兴趣，这是非常正常的身心反应，爸爸们没有必要因为孩子涉嫌早恋，就如临大敌，而是要摆正心态，从容地引导孩子。反之，如果爸爸对此反应过激，反而会使孩子更加重视早恋这件事情，如果爸爸强烈地压制孩子，反而会使孩子更加反抗爸爸，甚至可能会故意发展早恋。一旦发生这样的情况，就会导致事与愿违。因而明智的爸爸都要向乐乐爸爸学习，要以孩子受到异性的喜爱为骄傲，在此基础上信任孩子，这样才能在无形中对孩子施加影响。

在上述事例中，爸爸就采取了幽默的表达方式，一边说自己如果是女生也会喜欢乐乐，追求乐乐；一边又说相信乐乐是有主心骨的，不会来者不拒。不得不说，爸爸的表达是非常幽默的，既能逗得乐乐哈哈大笑，却心中一惊，又不至于被其他人看出端倪，但是却和乐乐彼此心照不宣。这样的批评可谓恰到好处。

作为爸爸，一定要找准时机，幽默地批评孩子。幽默地批评孩子有诸多好处：第一，幽默的批评能够保护孩子的颜面。孩子的自尊心都很强，尤其是随着孩子不断成长，很多孩子还很爱面子。爸爸不管因为什么批评孩子，都不能践踏孩子的尊严，更不能故意贬损孩子，也不要挖苦讽刺孩子。语言的暴力是很强的，而且说出去的话就如同泼出去的水，是很难收回的。第二，使用幽默的批评法，要选择合适的时机，最好在愉悦的气氛中说出来，这样不仅不至于令孩子感到突兀，也能起到更好的沟通效果。切勿生硬突兀地与孩子开玩笑，否则还不如严肃的沟通来得更合时宜呢！

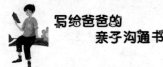
第三，使用幽默批评法，可以起到意在言外的效果，使身边的人只能听个热闹，而只有当事者才能听出门道。所以爸爸和孩子能够达到心照不宣，就像拥有了共同的秘密，成为同一个战壕的战友，彼此之间的关系会更加亲密。

总而言之，孩子长大了，爸爸就不能再像孩子小时候一样一味地训斥孩子，压制孩子，否定和批评孩子了。然而，孩子依然会犯错误，依然会有些失误，所以爸爸要改变教育的方式方法，把握好教育孩子的分寸。

# 打人不打脸，骂人不揭短

很多爸爸在教育孩子的时候，如果被孩子所犯的错误激怒，就会口不择言地训斥孩子，甚至还会故意说起孩子的错误，揭发孩子的短处，曝光孩子的糗事。不得不说，爸爸这么做是极其不明智的。俗话说，打人不打脸，骂人不揭短。这句话告诉我们：在一切的人际关系中，为了更加愉快地与人相处，必须尊重他人，保护他人的颜面，而切勿使他人丢脸。正因为如此，打人打脸，骂人揭短，才会成为人际相处的禁忌。

糟糕的是，很多爸爸都认为老子教训儿子天经地义，所以在批评和训斥孩子的时候从来不讲究方式方法，更不会用心地组织语言，斟酌措辞。网络上有一个短视频的博主，曝光了她的法国老公打一岁多孩子耳光的事情。据她所说，老公认为要想让孩子记住教训，就要伤害孩子的自尊。且不说一岁多的孩子自尊心是否已经得到发展，是否有意识地维护自己的尊严和面子，单就孩子最基本的人身安全权利而言，这位爸爸的做法就是完全错误的。有人曾经说过，要想毁掉一个人，最残忍的方式就是击碎他的自尊。不得不说，这个爸爸以这样的方式对待孩子，实在是残忍，这样的教育理念也是极端错误的。

作为爸爸，要像爱护自己的眼睛、爱惜自己的名誉一样，对待孩子的自尊。不管孩子犯了什么错误，不管在怎样的情境中，爸爸都要坚

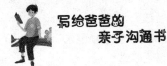
持"打人不打脸，骂人不揭短"的原则，保护孩子的自尊心，维护孩子的颜面，让孩子自珍、自重、自爱。爸爸教育孩子的方式有很多种，为何要选择最伤害孩子自尊心的方式呢？当意识到自尊对孩子的重要，当意识到完全可以采取更好的方式与孩子沟通，相信爸爸一定不会再这么做。

最近天冷了，乐乐却不愿意穿厚重的羽绒服，而是只穿着单薄的衣服。他觉得这样很酷，每当听到同学或者老师发出赞叹声，惊讶地问"乐乐，你不冷吗"的时候，乐乐就很自豪。然而，这天突然来了寒流，乐乐被冻得流起了清水鼻涕，晚上更是觉得头晕，嗓子疼，身上也感到很冷。妈妈拿出体温计一测，果不其然，乐乐发烧了。妈妈感到很生气，当即质问乐乐："看看吧，让你穿羽绒服你不穿，天天穿得那么少，还真以为美丽"冻"人呢！这下子好了吧，不但不美丽，还变成了瑟瑟发抖的鼻涕虫！"乐乐自知理亏，没有回应妈妈的话，而是蜷缩在被窝里一声不吭。这个时候，爸爸赶紧给乐乐解围，说道："哎呀，天气忽冷忽热，现在还寒流来袭，感冒也是正常的，未必是因为穿得少。乐乐已经一年多没感冒了，这次感冒就算是给身体排毒了，也挺好的。"乐乐听到爸爸为他开脱，这才接过话茬儿，说："是啊，是啊。我们班级里很多同学都感冒了，我也可能是被传染的。"

妈妈还想说些什么，但看到爸爸赶紧以眼神制止，妈妈只好硬生生地咽下了想说的话，赶紧去给乐乐熬姜汤了。妈妈走了之后，乐乐感激地对爸爸说："爸爸，谢谢你替我解围。"爸爸摸了摸乐乐的脑门，说："本来就是这样的，生病是很多因素的综合作用，不能单独归咎于某一个因素。不过，以后看到有寒流，的确要多穿点儿衣服，这样可以保护身体上的关节不受寒气侵犯，老了就不会出现关节疼的情况。"乐乐连连点头。次日，乐乐穿上了羽绒服，暖暖和和地去上学了。

如果不是爸爸替乐乐解围，为了证明自己不是像妈妈说的那样被冻感冒的，乐乐很有可能次日还是穿着单薄的衣服去学校。作为爸爸，只有给孩子留足面子，孩子才会在意识到错误之后主动地弥补和改正错误。反之，如果爸爸伤害了孩子的颜面，那么孩子哪怕知道自己错了，也有可能死鸭子嘴硬，不愿意及时改正错误。在上面事例中，乐乐的举动就是最好的证明。

爸爸固然爱孩子心切，却不要总是非常急迫地想要改变孩子，或者试图让孩子按照他们所说的去做。孩子在不断地成长，自我意识也会越来越强，爸爸要给孩子留出自我成长的空间，尊重孩子的选择，尊重孩子的决定。有些时候，孩子会因为缺乏认知或者是没有经验而导致做出错误的决策，不得不承担相应的后果，在这种情况下，爸爸也不要批评和否定孩子，或是幸灾乐祸，而是要假装没看见孩子遭受挫折。这样能够保护孩子的自尊，让孩子不感到尴尬。当然，如果孩子需要帮助，那么爸爸要尽释前嫌，切勿指责孩子之所以有今日，就是因为此前不听他的话，而只要默默地、竭尽全力地帮助孩子就好。爸爸的尊重和理解，孩子会有所感触，有所感恩。

现实生活中，很多爸爸常常不能管好自己的嘴巴，一激动就说出不该说的话。那么爸爸一定要养成好习惯，就是在与孩子沟通之前，先进

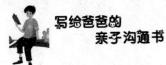

行周到的考虑，然后再决定自己要说什么、做什么。当爸爸真正做到尊重孩子，孩子也就会尊重爸爸。人与人之间的关系总是相互的，我们只有先给他人以良好的对待，他人才会回馈给我们同样的对待。爸爸与孩子之间同样如此。那么从现在开始，爸爸就请先忘记孩子曾经犯过的错误，忘记孩子曾经的叛逆，在孩子需要的时候，始终坚定不移地站在孩子身边，无条件地支持和鼓励孩子吧。有这样的爸爸，孩子何其幸运啊！

# 第六章

## 爸爸改变，孩子才会改变

有人说，父母是孩子的第一任老师，也有人说，孩子是父母的镜子。那么，作为爸爸，当你照镜子的时候发现自己的脸上有一块黑色，你是会先去擦拭镜子，还是会先擦拭自己的脸呢？很多人的本能反应一定是先检查自己的脸上是否有污渍，甚至会情不自禁地擦拭自己的脸。

同样的道理，当发现孩子表现欠佳的时候，作为爸爸，也应该先反思自己，改变自己。因为只有爸爸改变，孩子才会改变。

# 多和孩子分享内心的感受

爸爸在和孩子沟通的时候，如果总是用带有指责的口气说"你为什么不能更加努力""你完全可以做得更好一些"，就很可能会打击孩子的自尊，甚至激起孩子的反抗心。因为这是一种单方面否定和强烈批评的沟通方式，同时也是非常错误的教育方式。爸爸们应该改变自己对待孩子的态度，从指责孩子转变为与孩子分享内心的感受，这样对孩子来说才是更加公平的，孩子也才更愿意接受这样的真正的批评建议。从孩子的角度来说，他们看惯了严肃的爸爸，动辄批评和训斥他们，如果看到爸爸发生了神奇的改变，敞开心扉诉说内心的感受，他们一定会感到非常新鲜有趣。

从理解孩子的角度来说，很多爸爸都抱怨搞不清楚孩子在想些什么，对于孩子的诸多举动，他们也无法理解。这是为什么呢？就是因为爸爸不愿意分享自己的感受，使孩子关闭了心扉，不愿意向爸爸吐露心声。在孩子心中，爸爸是陌生的，与他们非常疏远。试问，谁会对一个与自己很疏远的人掏心掏肺呢？由此可见，分享感受是爸爸打开孩子心扉的好方法。

一直以来，乐乐都很喜欢周杰伦。有一次，他特意推荐周杰伦的《双截棍》给爸爸听，爸爸一边听一边皱起眉头，忍不住抱怨道："这是唱的什么啊，除了哼哼哈嘿之外，我什么也没听懂。"爸爸一首歌没听完，就不愿意继续听下去了，还训斥乐乐："以后你能不能听点儿正能量的歌，就这样的歌，连歌词都不知道写的是什么，有什么意义！"乐乐失望极了，从此以后再也没有和爸爸分享他喜欢的歌曲。

在一次综艺节目上，爸爸听到费玉清唱《菊花台》，不由得听得入了迷，对坐在身边的乐乐说："乐乐，这首歌写得太好了，歌词特别细腻，特别能够打动人。听着这首歌，我觉得我的心都温暖起来了，变得充满温情，而且我被带入了那种意境之中，觉得有些伤感。"乐乐忍不住笑起来，如数家珍地告诉爸爸："爸爸，既然你这么喜欢这首歌，我就告诉你吧，这首歌是周杰伦作曲和演唱的。费玉清是翻唱。虽然你不喜欢周杰伦的《双截棍》，但是周杰伦真的是一位很有才华的歌星。他不像大多数歌星那样只会唱歌，他不仅会作词、作曲，还会导演呢！"看到乐乐打开了话匣子，爸爸既惊讶于周杰伦的才华横溢，又惊异于乐乐居然这么喜欢周杰伦。当然，他不知道乐乐为何一反常态，就像对待朋友一样和他分享了这么多。爸爸很开心，还特意听了周杰伦演唱的《菊花台》。这天晚上，他觉得自己和乐乐前所未有地亲密。

乐乐为何突然和爸爸说这么多呢？是因为爸爸把欣赏《菊花台》的感受告诉了他，而且《菊花台》恰恰是乐乐喜欢的歌星周杰伦作曲和演唱的。相信爸爸在乐乐的介绍下，知道周杰伦是如此有才华的歌星，一定会改变对周杰伦的看法，说不定还会以周杰伦为榜样来激励乐乐努力呢！

在孩子的心中，隐藏着爸爸所不知道的世界。有的爸爸对孩子的世界一知半解，有的爸爸则对孩子的世界全然不知。当然，爸爸不会直接表现

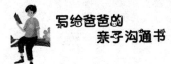

出对孩子的无视，他们会寻找各种各样的借口，例如工作太忙了，琐事太多了。请每一位爸爸都要记住，不管生活多么忙碌，不管工作多么紧张，都一定要抽出时间来对孩子说一说自己内心的感受。有些爸爸苦于时机问题，觉得张口就抒情感怀太过突兀，为此就一再错过和孩子分享感受的机会。其实，爸爸只要留心，就可以把握很多好机会；爸爸只要用心，就可以创造很多好机会。那么，哪些时机最适合爸爸对孩子敞开心扉，分享感受呢？

首先，当孩子主动和爸爸分享的时候，爸爸就可以借此机会与孩子分享自己的感受，让孩子看到不一样的爸爸，惊叹于爸爸的趣味。就像上述事例中，乐乐主动把自己喜欢的《双截棍》推荐给爸爸听，爸爸可以在听完之后发表感想，也可以借此机会询问乐乐为何喜欢这首歌，又为何喜欢周杰伦。这样一来，爸爸与乐乐就可以你来我往，说个不亦乐乎，正好交心。

其次，爸爸可以和孩子一起从事一些活动，做一些有意义的事情。举例而言，爸爸邀请孩子同看一部电影，或者和孩子一起参加公益活动，还可以带着孩子去旅行。总而言之，父子之间可以做的事情很多，爸爸只要有时间有机会就可以和孩子多多地接触，自然会在与孩子相处和沟通的过程中找到分享感受的好机会。

对于孩子而言，爸爸不仅仅要当好爸爸，还要当好朋友、好哥儿们。当爸爸义无反顾地在孩子的生命中扮演起这些重要的角色，爸爸与孩子就会更加亲密无间，更加相互了解，产生共鸣。从现在开始，爸爸要积极地与孩子分享感受，相信这将会是亲子相处的转折点，也必定能带给爸爸和孩子完全不同的亲子相处体验。而这一切的改变，都要从爸爸开始！

# 真心地接纳孩子

　　说起真心接纳孩子这个话题，很多爸爸都会说：在这个世界上，我是最爱孩子最接纳孩子的人。那么请问：你有没有觉得孩子不够完美？你有没有觉得孩子很调皮，要是再乖一点儿就好了？你有没有觉得孩子没有聪明绝顶很遗憾，因而试图开启孩子的智慧？你有没有指责孩子某些方面做得不好？面对这些问题，相信爸爸们多多少少都会有些心虚，从而不敢肯定地回答。由此可想而知，爸爸们也许是世界上最爱孩子的人，但不一定会爱孩子，且能够真心接纳孩子。但爸爸们也应明白，即便孩子后天表现得不能让爸爸满意，爸爸也不应该对此感到不满，因为金无足赤，人无完人，孩子可从来没有嫌弃过爸爸不够完美啊！

　　那什么是真心接纳孩子呢？真心接纳就是接纳孩子本来的样子，满心欢喜，而不觉得心有遗憾；真心接纳就是能够宽容和原谅孩子的错误，认为孩子的缺点也是可爱的，孩子的优点更是无与伦比。然而，残酷的现实却是，很多爸爸内心深处不仅不接纳孩子，还打着为孩子好的旗号试图改造孩子。爸爸没有意识到，这份不接纳正是亲子沟通的障碍，阻碍了爸爸与孩子的亲密无间，也阻碍了爸爸与孩子相爱。当然，这里所谓的不接纳并不是排斥，并不是放弃，而是一种源自心底的不满意。举个简单的例子，因为孩子学习成绩不好，爸爸在单位里和同事交流的时候，很少会

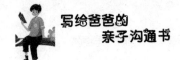

主动提起自己家的孩子，仿佛认为自己家的孩子只会给自己抹黑。这就是不接纳。那么，真心接纳孩子的爸爸会怎么做呢？哪怕其他同事正在炫耀自己家的孩子品学兼优，是真正的学霸，爸爸也能坦然地说起"我家孩子虽然在学习上不占优势，但是他很擅长体育运动，尤其喜欢打篮球，他还很真诚友善，是一个特别招人喜爱的孩子"。这样发自内心的夸赞，这样坦然地为了孩子迎接别人的目光和评价，而没有丝毫局促不安，就是真心接纳。

一天中午吃完午饭，办公室里的同事们都觉得天气凉了，不适合午休，因而提议开个茶话会，自由地闲谈，也算是放松了。顷刻之间，年轻的单身汉们都说起玩游戏的事情，而几个已经结婚生子的"大叔"则说起了学习和考试，因为当天正是中考出成绩的日子。

几个爸爸马上滔滔不绝地说起学龄阶段的孩子，有的爸爸夸赞自家孩子学习很主动，从来不用催；有的爸爸夸赞自家孩子学习很用功，次次考第一；也有的爸爸夸赞自家孩子写字漂亮，是班级里的书法家。听着爸爸们说得热火朝天，甜甜爸爸突然说道："我家甜甜没有你们说的这些优点，不过她非常开朗乐观，热情真诚地对待朋友，所以是班级里最开心的女孩。我觉得很欣慰，我也很喜欢她大大咧咧的性格。"甜甜爸爸的话使其他几位爸爸都陷入了沉思，他们突然间觉得自己都在拿孩子当财产，而只有甜甜爸爸把甜甜视为自己最得意的艺术品。

真心欣赏孩子，孩子是一定会感受到的。现代社会竞争非常激烈，每个人都承受着巨大的压力，孩子也是如此。很多爸爸妈妈迫不及待地希望孩子有出类拔萃的表现，能够出人头地，因此他们大多会选择报各种培训班以各种手段来激发和挖掘孩子的潜能。在这样的过程中，他们忽略了一件重要的事情，那就是作为父母首先应该关注孩子本身，然后再根据孩子自身的情况，采取合适的引导方式助力孩子成长。不得不说，他们都犯了本末倒置的错误，都试图重塑孩子，而不是成就孩子。

真心接纳孩子的爸爸，会以欣赏的眼光看待孩子，看到孩子的长处而不得意，发现孩子的短处而不惊慌，能够看见孩子的欢笑，听到孩子的心声。他们始终坚持以孩子为本，认为自己不管做什么事情都要从孩子的真实需求出发，考虑到孩子的情绪和感受。有这样的爸爸，孩子无疑是幸福的。爸爸想要给孩子安全感，却不知道孩子最大的安全感不是得到爸爸的爱，而是得到爸爸的真心接纳。在这个世界上，孩子最信任和依赖的人就是爸爸妈妈。尤其是爸爸，在孩子的心目中，爸爸是力量的化身，爸爸是无所不能的。所以只有爸爸全然接受孩子，真心认可和欣赏孩子，孩子才会感到安全。

一个孩子如果从小在爸爸的否定、批判和打击中长大，他怎么可能有自信心和安全感呢？反之，一个孩子如果从小在爸爸的肯定、欣赏和赞美中长大，他也许在物质上有些欠缺，但是在精神和情感上一定是非常富足的。这样的富足，无论有多少物质和金钱都是无法弥补的。这样的富足，使孩子足够自信，使孩子更加坚强，使得孩子保持笃定，因为他们知道爸爸是他们坚强的后盾，哪怕犯了错误，他们也知道爸爸会无条件地接纳和一如既往地爱护他们。这样的爸爸，是孩子最大的底气，也是孩子最大的福气！

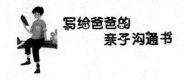
# 不要逼孩子撒谎

如果认真回想自己成长的过程，爸爸就会意识到，自己也曾和现在的孩子一样撒过谎。意识到这一点，爸爸就不应该对孩子撒谎的行为深恶痛绝了，而是会积极地反思自己对孩子的教育方式和管教方法是否合理，从而找到孩子撒谎的根本原因。其实，不仅孩子会撒谎，成人也会撒谎。爸爸虽然是成人，但也会因为各种原因无法说真话，甚至说一些假话来敷衍他人。有心理学家发现，每个人每天都会撒谎，而之所以大多数人都拒绝承认撒谎，是因为他们根本没意识到自己撒谎。如此看来，孩子的撒谎行为并非罪不可赦，而是有原因的，爸爸唯有找到孩子撒谎的真实原因，才能有的放矢地帮助孩子，缓解孩子的心理压力，助力孩子说出真相。

那么孩子为什么要撒谎呢？有一点毋庸置疑，孩子撒谎必然是有苦衷的。在一个安全的环境中，孩子也不愿意撒谎，这是因为撒谎会给他们带来心理压力。可孩子又为何选择以谎言掩饰真相呢？那是因为他们为了保护自己，为了逃避责任，为了避免被责罚，而不得不隐匿真相。如果爸爸面对撒谎的孩子只会勃然大怒，只会声色俱厉地训斥孩子，只会口不择言地批评孩子，那就会给孩子带来更严重的伤害，也让孩子不愿说出真相，而且这样也未必能够解决问题。

除此之外，孩子撒谎的原因还应从儿童身心发展阶段的规律角度来找答案。例如，在四五岁前后，孩子的想象力非常丰富，他们常常分不清楚幻想与现实，所以会把幻想也当作现实。当孩子绘声绘色地描述自己的幻想时，爸爸发现孩子的描述与现实不相符合，就会指责孩子在撒谎。毫无疑问，在这样的情况下给孩子贴上撒谎的标签，对孩子而言是极其不公平的，也是很不负责的。

过了四五岁这个年龄阶段之后，很多爸爸都会发现孩子真正学会了撒谎。因为此时孩子们已经能够分清楚幻想和现实，所以他们再出现不符合现实的描述，就是在掩饰真相，或者刻意以谎言扭曲真相。即便如此，爸爸也不要急于对孩子下论断，而是要意识到孩子撒谎是有原因的，只有找到原因，有针对性地进行解决，才能更加周全地解决问题。有些爸爸非常开明，也了解儿童心理，那么他们看到孩子撒谎时，并不会当即气得昏了头，而是会欣喜地意识到孩子长大了，有了更多的小心思，也变得更加聪明了。在这个时期，绝大多数孩子撒谎的目的是保护自己，而不是在恶意地伤害他人。例如，他们用撒谎的方式推卸责任，只是为了避免遭到父母的责骂；他们用撒谎的方式掩饰真相，只是为了让自己得到更多的好处。前者，孩子往往在犯了错误的情况下使用；后者，孩子往往在需要满足自己愿望的情况下使用。孩子当然不知道撒谎也有惯性，一旦养成了撒谎的坏习惯就很难戒除，而且还会给自己的生活带来很多不便。此时此刻，孩子的目光是短浅的，他们只能看到眼前，也会为了满足自己眼前的利益而撒谎。

然而随着孩子不断成长，走入校园，开始学习知识，也接受教育，渐渐地，他们在老师、父母的悉心教育和引导下，会慢慢意识到撒谎是不好的行为，从而减少撒谎的次数。在这个时期，爸爸只要关注孩子的行为表

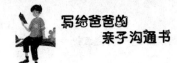

现和身心发展，及时引导和帮助孩子，孩子就会渐渐地养成诚实守信的优秀品质。当然，这么做的前提是爸爸要知道孩子为何被"逼迫"撒谎，并且要了解以下几种常见情况，从而避免教育孩子的雷区。

第一，孩子不知道撒谎是错误的，觉得很好玩。有些孩子不知道撒谎是错误的，他们会以说假话的方式和其他孩子争论高低。例如，一个孩子说"我家有一个变形金刚"，另一个孩子马上说"我家有十个变形金刚"。这些孩子说的有可能是真话，也有可能是为了赢过其他孩子而说的假话。为了避免这种情况发生，爸爸要给孩子树立诚实的好榜样，尤其是要告诉孩子没有必要与他人攀比。

第二，为了保护自己而撒谎。每当考试成绩出来的时候，很多孩子都会选择以撒谎的方式虚报成绩，他们是担心爸爸会因为对成绩不满意而勃然大怒，或者狠狠地批评他们，甚至对他们"动手动脚"。孩子之所以撒谎，完全是为了避免自己受到爸爸的打骂和批评，而保护自己。爸爸只要不再因为孩子考得不好而打骂孩子，而是积极地帮助孩子分析出错的地方，帮助孩子在下一次考试中获得好成绩，那么孩子就不会害怕考试，也不会在考试失利后选择对爸爸隐瞒实情了。爸爸要给孩子全面的安全感。

第三，为了逃避责任而撒谎。有些孩子在犯了错误之后，知道后果很严重，自己一定会被爸爸责罚，所以就撒谎说自己没有犯错误，把自己与当前的情况撇清关系，逃避责任。如果孩子犯错之后能够得到爸爸的谅解，爸爸也不会声色俱厉地批评孩子，更不会动手打孩子，那么孩子就能进行积极的自我反省，也会主动地向爸爸承认错误。在这样的情况下，爸爸可以引导孩子承担责任，培养孩子的责任心，这对孩子的成长大有好处。

第四，爸爸一定要信任孩子。人人都想得到他人的信任，孩子也是如此。作为爸爸，一定要信任孩子，鼓励孩子，支持孩子。很多爸爸对孩子缺乏信任，认为孩子不足以胜任很多事情，而孩子又很想做某些事情，那么他们就会以撒谎的方式隐瞒爸爸。可想而知，只要爸爸信任和支持孩子，孩子就不会撒谎，因为他们也更愿意以光明正大的方式去做自己想做的事情。

　　第五，孩子故意撒谎，带有恶意。在撒谎的诸多情况中，这种情况是最为糟糕的，也必须引起爸爸足够的重视。例如，有些孩子明明知道偷偷地拿家里的钱是错误的，但还是一而再再而三地偷拿家里的钱，去做不好的事情，诸如去网吧玩游戏等。这样的撒谎行为是明知故犯，孩子为了满足自己不正当的需求，在恶意地伤害家人，损害家庭的利益，爸爸一旦发现这样的情况，必须严厉批评，及时纠正孩子的错误行为。当然在此沟通过程中，要讲究方式方法，不要因为愤怒就失去理智，不要因为冲动就做出伤害孩子的事情，否则就会导致事与愿违的结果。

　　总而言之，面对撒谎的孩子，爸爸要避免过度指责孩子，也不要从道德高度给孩子贴上负面标签，更不要在偶尔发现孩子撒谎之后就对孩子虎视眈眈，总是监视孩子。否则就会让孩子在家庭生活中缺乏安全感，如履薄冰，甚至可能出于各种原因以更多的谎言来满足自己的需求，维护自己的利益。爸爸尤其要记住，千万不要打骂孩子，而是可以和孩子事先约定以怎样的方式进行惩罚，这样才能让孩子心服口服。此外，为了维护孩子的颜面，保护孩子的尊严，当爸爸无意间发现孩子撒谎的时候，切勿直接戳穿谎言，否则非但不能使孩子警醒，还有可能让孩子的自尊心受到伤害而变本加厉。无论何时，爸爸要更好地与孩子相处，就一定要保持顺畅的

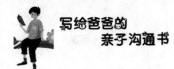
沟通，引导孩子说出自己真实的想法，同时也要以平等的态度倾听孩子的意见，这样孩子才会有正当渠道争取做自己想做的事情，他们自然也就不会以撒谎的方式来达成目的了。

　　作为爸爸，在发现孩子撒谎且已经对孩子进行劝说、教育甚至是惩罚之后，要对孩子做到既往不咎，切勿因此而对孩子戴上"有色眼镜"或是总翻旧账。有些爸爸小肚鸡肠，常常把孩子犯过的错误拿出来反复说，这样只会伤害孩子的自尊。爸爸应该经常以"下不为例"结束对孩子的教育，让孩子可以内心轻松地面对未来，也让孩子下定决心从此刻开始做更好的自己。

# 抛砖引玉，激发孩子的谈兴

面对满腹心事的孩子，笨嘴拙舌的爸爸常常感到无可奈何，他们既因为孩子的郁郁寡欢而心急，又因为不知道要如何做、如何说才能打开孩子的心扉，激发孩子的谈兴而手足无措。因此，只能无奈地看着孩子被负面情绪纠缠。实际上，面对孩子不想说也没有兴致倾诉的情况，有一个方法是非常有效的。这个方法就是抛砖引玉。当然，抛砖引玉只是对这个方法的一种形象的概括而已，具体地说，就是爸爸可以先说出自己的糗事，减轻孩子的心理压力，让孩子不要因为担心被爸爸批评而三缄其口，而在得知爸爸也曾出过糗之后，孩子觉得遇到了可以信任的同伴和知音，开始兴致盎然地说出自己的担忧，说出自己目前的困境。在此过程中，爸爸再对孩子表示理解和体谅，孩子就会产生谈话的兴致，与爸爸畅谈起来。

最近，杜杜的心理压力很大。他正在读小学六年级，马上就要面临小升初考试。他想要考入理想的重点初中，但是成绩上还是有一定差距的。为此，他感到很沮丧。这天晚上，杜杜正在埋头写作业，突然间情绪崩溃得大哭起来。看到杜杜的模样，爸爸担心极了，当即追问杜杜到底发生了什么事情。杜杜一点儿都不想诉说，只是敷衍地告诉爸爸"没事，就是写作业太累了"。爸爸听了这句话依然很忐忑，

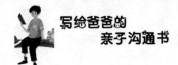
他害怕杜杜有什么事情隐瞒他，因而偷偷地打电话询问了班主任，却得知杜杜最近在学校里的表现一切如常。

等到杜杜的情绪稳定之后，爸爸这才又心平气和地问杜杜。杜杜眼圈又红了，说："真的没事，最近作业太多了，你看，我都写了六张试卷了，还是没有写完。"看到杜杜拿出刚刚写完的六张试卷，爸爸这才知道杜杜真的是太累了。爸爸轻松地对杜杜说："杜杜，其实你不要有太大的心理压力，只要尽力了，不管考入哪一所初中都好。"杜杜不解地看着爸爸："我们全家人的心愿不都是考入重点初中吗？"爸爸笑起来，说："当然，但是那只是愿望而已。具体能不能实现，不是谁的主观意愿就能决定的，关键是要做到尽心竭力，没有遗憾。我告诉你，我小学升初中的时候，别说重点初中了，差点儿连普通初中都上不了，因为我开窍很晚，小学阶段根本不知道学习，天天就是到处玩。"听到爸爸这么说，杜杜忍不住笑起来："爸爸，这么说你这个名牌大学毕业生小升初的形势当时还没有我乐观呢！"爸爸毫不迟疑地点点头，说："是的。所以你比爸爸厉害多了，你毕竟还是有希望考入重点初中的。"在爸爸的一番安慰下，杜杜终于放松下来，调整好情绪，又继续埋头苦学了。

孩子的心理承受能力是有限的。如今的孩子虽然不愁吃喝，从来不为生活而担忧，但是他们在学习方面承受着巨大的学习压力。越是那些学习上表现还不错的孩子，越是想要考取更好的成绩，压力也就更大。作为爸爸，要向杜杜爸爸学习，不要给孩子太大的压力，而是要引导孩子更看重学习和努力的过程。人，固然要有执念，却也要学会放松。唯有放松，才能呈现出更好的状态，也才能收获更好的结果。

对孩子说说自己的糗事，是爸爸抛砖引玉，激发孩子谈兴的好方法。很多孩子把爸爸看成是无所不能的英雄，认为爸爸在小时候也一定是不折不扣的学霸。有些爸爸享受被孩子崇拜的感觉，希望孩子把自己神化，但是明智的爸爸会知道自己就是凡人，也应该成为孩子心目中的凡人爸爸，是既有优点也有缺点，但是也无比地鲜活和生动。从这个意义上来说，爸爸不要再把自己伪装成孩子心目中的英雄，而是应该让孩子知道爸爸也是有血有肉的人，也有缺点和不足，也会犯各种小错误。这样孩子才会感到轻松，不会让自己一直紧绷着神经，必须做到十全十美了。

　　尤其是在看到孩子压力很大时，例如孩子因为学习成绩不够优秀而否定自己，因为不小心喜欢上了某个异性而忐忑不安，因为犯了错误而害怕被爸爸批评。这些时候，都是爸爸曝光自己糗事的最佳时机，既可以拉近与孩子之间的距离，又可以帮助孩子放松心情，何乐不为呢？

　　从心理学的角度来说，有时，很多爸爸都如同最犀利的警探一样了解了孩子的很多糗事，也把握住了孩子的很多把柄。而孩子一直在“威胁”中生活，时刻担心被爸爸戳穿自己，那么爸爸何不也故意把自己的糗事给孩子讲讲呢，这样孩子就相当于也把握住了爸爸的把柄，他们自然会获得内心的平衡，做到坦然地与爸爸相处。显然，不管是对爸爸来说，还是对孩子来说，这都是更好的相处和沟通的状态。

# 少唠叨，多示范

很多爸爸都习惯于唠叨孩子，这是因为他们坚信重要的事情必须说三遍，还常常认为即使说三遍也远远不够，还要说更多遍。他们不知道的是，心理学上有个超限效应，意思是说如果一件事情超出了合理的限度，就会使人产生逆反心理。爸爸在教育孩子的过程中如果总是唠叨不止，喋喋不休，那么就会在孩子内心激发超限效应，从而故意违背爸爸的意志，或者做出违背爸爸意愿的事。显而易见，爸爸并不希望这样的情况发生。

要想让孩子变得更听话，更用心地听取爸爸的建议，也更积极地配合爸爸开展行动，爸爸就要当即改变爱唠叨的坏习惯。曾经有专门的调查机构对孩子们展开调查，结果证实绝大多数孩子都希望爸爸妈妈不要再唠唠叨叨。在很多家庭里，妈妈往往很唠叨，这是因为妈妈负责照顾孩子的吃喝拉撒，所以有更多的事情需要叮咛孩子。但是，唠叨并非妈妈的专利，如果爸爸同样投入了很多时间和精力照顾孩子，且爸爸本身也是一个心思细腻的人，那么爸爸也会时常表现出唠叨的一面。有些爸爸明知道孩子一听到唠叨就会有很大的心理压力，也会因此而心生反感，但是他们还会继续说。这是为什么呢？为了让亲子沟通更和谐顺畅，爸爸很有必要弄清楚自己唠叨的原因，才能有目标地去解决问题。

通常情况下，爸爸唠叨有以下四个原因。

第一，爸爸在成长的过程中就生活在爱唠叨的原生家庭环境中，也因此在不知不觉间受到原生家庭中父母的影响，变得爱唠叨起来，所以也会以唠叨的方式教育孩子。这样的爸爸应该主动地反省自己，想一想自己爱唠叨的深层次原因，也回想一下自己在听到父母唠叨时的内心感受，从而有意识地改变自己爱唠叨的不良习惯。

第二，习惯性唠叨。有些爸爸已经习惯于以唠叨的方式与孩子沟通，他们始终觉得孩子不够专注地倾听自己所说的话，担心孩子会把自己的叮咛完全抛诸脑后，因而就以唠叨的方式反复地向孩子强调很多事情。在此过程中，唠叨的习惯就会日益固化，且唠叨也会变得越来越严重。其实，爸爸误解了唠叨的作用，认为唠叨可以解决问题。实际上，唠叨非但不能解决问题，还会导致事与愿违。当爸爸亲眼见证了唠叨的负面作用，就一定要引起重视，及时停止唠叨。

第三，越是重要的事情，爸爸越是热衷于唠叨。爸爸在潜意识里认为重要的事情必须说三遍，甚至更多遍，试图以这样的方式来让孩子记住他们所说的事情。不得不说，这样做的爸爸一定不了解超限心理，否则就不会以唠叨的方式强调事情的重要性了。爸爸完全可以反其道而行之，告诉孩子"接下来我要说的事情很重要，我只说一遍，你必须听清楚且牢牢记住"。有了这样的开场白，再适度地降低声音，不怕孩子不侧耳倾听，用心记忆。

第四，因为无奈而唠叨。如果孩子总是不愿意采纳爸爸的意见，也听不进去爸爸苦口婆心的劝说，那么用心良苦的老父亲就会无奈地反复劝说孩子，这就形成了唠叨。他们也知道唠叨未必能够起到预期的作用，但是除了唠叨之外，他们也不知道自己还能做些什么，从而让孩子改变想法和

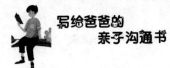

做法。为此，他们只能唠叨。

爸爸再三向皮皮强调，每天放学回到家里第一时间就要写作业，但是皮皮却总不愿意配合。皮皮回到家里不是渴了要喝水，就是饿了要吃饭，或者去厕所蹲半个小时。总而言之，在皮皮的磨蹭中，时间一分一秒地流逝，皮皮常常从下午3点半放学到家，一直要磨蹭到吃完晚饭7点多钟才开始写作业。有的时候，他写作业也磨蹭，很晚才写完，这就影响了他的正常休息。无奈之下，爸爸只好反复地唠叨"皮皮，快点儿吃完水果写作业了""皮皮，不要再蹲在厕所里了，容易得痔疮""皮皮，你喝个水要这么长时间吗"。爸爸越是唠叨，皮皮越是不把爸爸的话当回事，拖延症也日益严重了。

有一次，爸爸参加了一位教育专家开办的公益讲座。在这场讲座中，爸爸听到专家说的一句话之后茅塞顿开："对于磨蹭、拖延的孩子，越是唠叨越是没有效果，不如从现在开始'闭嘴'，为孩子规定完成任务的具体时间，并且制定相应的惩罚措施更有效。"爸爸当天下午就不再唠叨皮皮，而是郑重其事地和皮皮约定："放学回家要写作业，必须在6点钟之前完成，否则就取消当天的半个小时游戏时间。如果一周之内三次延迟，那么就取消周末的半天户外活动时间。"这个规定一出，皮皮回到家里就马上伏案疾书。随着时间的流逝，爸爸发现皮皮写作业的速度越来越快，因而又和皮皮有了补充协议：如果能在5点之前保质保量地完成所有作业，那么可以额外奖励半个小时游戏时间；如果一周之内三次都在5点之前高效完成作业，那么周末可以额外奖励半天户外活动时间，即可以户外活动一整天。皮皮的潜力被激发出来，他非常注重效率，也严格提升质量。就这样，原本在爸爸唠叨中鸡飞狗跳的写作业时间，现在变得父慈子孝，其乐融融，最重要的是皮皮成为学习的小主人，再也不需要爸爸的督促和唠叨了。

掌握了正确的方法，爸爸教育孩子就会事半功倍；使用了错误的方法，爸爸教育孩子就会事倍功半。在教育孩子的过程中，爸爸一旦遇到困境，先不要急于从孩子身上寻找原因，而是要反思自己使用的方式方法是否合适。要知道，孩子在犯错的过程中才能不断成长，这是孩子的常态。所以爸爸不要把希望寄托在使得孩子听话懂事或是从来不需要爸爸操心的行为表现上，而是要积极地反省自己，寻找更有效的方法教育孩子，启发孩子，引导孩子。在上述事例中，爸爸如果不是听了教育专家的讲座而如同醍醐灌顶般开了窍，马上改变方法，那么他依然是爱唠叨的、不受孩子欢迎的爸爸，而且说不定还会因为唠叨而与孩子之间爆发矛盾和冲突呢！

作为爸爸，我们应该有方法，哪怕是面对照顾孩子的吃喝拉撒等琐碎的事情，也要找准方法，力求出手就能见到成效。在正确且适宜的教育模式下，不仅爸爸省心省力，孩子也会更愿意接受爸爸的教诲，从而也更愿意积极地配合爸爸做出改变。无论在何种情境下，收到教育的效果才是爸爸的终极目标，不是吗？爸爸要始终不忘初心，带着孩子一起享受愉快的清净的亲子生活。

# 积极地处理问题，给孩子当好榜样

除了对孩子少唠叨之外，教育孩子还要注意一点，那就是要潜移默化地影响孩子，在不知不觉间引导孩子。这就要求爸爸要从改变自己开始做起，做到积极地处理问题，给孩子做一个好榜样。

然而爸爸是活生生的人，而不是神。作为成年人，在现代社会中生活，必然承受着很大的压力，人到中年的爸爸既要照顾好老人，还要教育好孩子，更要做好自己该做的工作，常常会有精疲力竭、分身乏术之感。有的时候，面对孩子无数个为什么，面对孩子有心或者无意所犯下的错误，爸爸常常会抓狂。还有的时候，即使问题和孩子没有关系，只是在工作上不顺利，爸爸也很难真正地把工作和生活分开，在走进家门之前彻底地放下满腹心事。这使得爸爸在面对孩子的时候依然带着负面情绪，并在无形中会影响孩子。

很多爸爸并没有意识到自己给孩子带来的影响，他们觉得自己提不起兴致只是暂时的，还觉得孩子还小，并不会那么敏感细腻地觉察到爸爸的异常。但爸爸显然低估了孩子的能力，孩子非常崇拜、信任和依赖爸爸，他们会把爸爸的一言一行一举一动都看在眼里，感受在心中，所以爸爸对孩子的影响是很大的。作为爸爸，一定要提高自己的情绪掌控力，这样才能避免以负面情绪影响孩子。最高明的爸爸会真正地改变自己悲观的性格，让自己积极地面对和处理很多问题，这样才能切实地给孩子施加以正面的影响，无形中塑造孩子的健全性格，也影响孩子养成乐观的心态品质。

说到这里，有很多爸爸也许会感到困惑：我怎样才能给孩子积极正向的影响呢？我本身就是一个不苟言笑的人啊，而且我还很容易受到负面情绪的影响，那时我又要如何调整自己的负面情绪呢？爸爸的提问很好，也直接指向问题的核心：爸爸必须先改变自己，才能影响孩子。从这个意义上说，爸爸要做到以下几点。

首先，爸爸要管理好自己的情绪。一个合格的爸爸不能总是当着孩子的面爆发负面情绪，这样才能尽量避免给孩子带来负面影响。虽然爸爸的目的是给孩子正面影响，但是这并不容易，在这之前先要消除负面影响才是最重要的。所以从现在开始，爸爸要增强对自身的情绪掌控力，不仅要学会不把负面情绪流露于外，也要学会在辛苦工作了一天进入家门之前先把负面情绪都暂时放下，或者留在办公室里，带着满心轻松和愉悦回家。

其次，爸爸要改变对待问题的态度，怀着积极的心态处理问题。在所有情况下，抱怨、沮丧、绝望等负面情绪不仅对于解决问题毫无益处，反而会把事情变得更糟糕，因为如果爸爸沉浸在这些负面情绪中无法自拔，就无法在第一时间解决问题。而一旦错过了最好的时机，事情当然会进一步恶化。爸爸要知道，抱怨、懊悔都无济于事，最重要的是乐观地面对问题，怀着希望，尽最大的努力解决问题，这才是当务之急。也许在不断推进事情向前发展的过程中，那些我们所担忧的难题就迎刃而解了，那么我们自然也就拥有了"山重水复疑无路，柳暗花明又一村"的惊喜。

再其次，爸爸要保持积极乐观的心态，以幽默的方式与孩子沟通。有

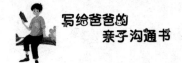
些爸爸哪怕心情很好,一旦面对孩子的时候就会满脸严肃,似乎不如此就不足以表现出他们对教育孩子有多么重视一样。其实,孩子更喜欢与轻松活跃、保有童心的爸爸相处,因为这样的爸爸会带给他们更多的快乐。在和孩子沟通的时候,爸爸还要彻底放下作为家长的架子,把自己看作孩子的朋友,和孩子开一些玩笑,带给孩子更多的快乐。在那些其乐融融的家庭里,爸爸一定能够和孩子打成一片,玩在一处,说得投机。

最后,爸爸要以身示范,给孩子足够的安全感。爸爸每时每刻都在对孩子产生影响,爸爸与孩子相处的时候是在直接影响孩子,而爸爸对待生活中很多事物的态度,则会给孩子留下深刻的印象,间接地影响孩子。很多爸爸只是在面对孩子,与孩子互动的时候才会有意识地调整自己的状态,其实这远远不够。正确的做法是,只要和孩子在一起,不管是否在与孩子相处,都要表现出积极的一面。


周末,一家人难得在一起吃午饭,妈妈从早晨就在忙碌,准备了一桌丰盛的饭菜。皮皮很开心,因为他很久都没和爸爸妈妈一起吃午饭了。在工作日里,他们一家三口总是各吃各的,爸爸妈妈分别在单位吃午饭,皮皮则是在学校里吃午饭。所以皮皮兴致勃勃地为爸爸拿来冰镇啤酒,还为自己和妈妈拿来冰镇果汁,要求全家人一定要正式地碰杯,再开始吃饭。

就在皮皮为爸爸倒满了啤酒,也为自己和妈妈倒满了饮料时,爸爸的手机突然响了起来。爸爸接通了电话,越说表情越凝重,越说声音越大。皮皮从爸爸的三言两语中猜测到爸爸做的项目计划书被领导否定了,所以需要在吃完午饭之后去单位加班修改。皮皮不由得感到忐忑：爸爸还能和我们碰杯，享受愉快的午餐吗？妈妈也满脸关切地看着爸爸。很快，爸爸挂断了电话。他的表情又变得轻松起来，满脸笑容地对妈妈和皮皮说："来吧，咱们干杯！今天太难得了，我和妈妈都没有加班，也没有出差，全家人终于可以一起享受这丰盛的一餐了。"说着，爸爸率先举起杯来。皮皮和妈妈也马上端起饮料，和爸爸一起碰杯。

全家人干杯之后，妈妈忍不住问道："你的项目计划书问题大吗？"爸爸笑着说："一点点小问题，我等周一去单位，半个小时就改好了。"听到爸爸下午不去单位了，皮皮如释重负，试探地问爸爸："爸爸，那么我们下午还可以去看电影吗？"爸爸兴致盎然地说："当然。周末这么愉快又美好，怎么能被一通电话改变呢！我们一切照旧。"皮皮高兴极了，这才放下心来和爸爸妈妈一起开心地吃饭。

在这个事例中，爸爸的表现决定了全家人的心情是快乐还是阴郁。原本，大家的心情都很好，却在得知爸爸的工作出了问题之后，情不自禁地担忧起来。幸好爸爸是很善于掌控情绪的，也能够拎得清工作和生活的轻重缓急。既然是周末，爸爸就决定按照原计划和全家人一起愉快地度过美好的时光。虽然爸爸并没有刻意地告诉皮皮要调整情绪，但是爸爸的实际做法已经给了皮皮最好的示范。

家庭教育最大的特点就是潜移默化。爸爸很少会像老师向孩子灌输知识那样随时随地、大张旗鼓地给孩子讲道理。在日常生活中，爸爸会以自身的实际行动和表现，给孩子做好榜样和示范作用，这样才能于无形中引导孩子形成正确的三观，也让孩子坚持以积极的态度面对生活。这才是最好的家庭教育和亲子教育。

# 学会疏导负面情绪，微笑面对孩子

有人说，微笑是世界通用的语言，不分国界，不分种族，所有人都能用微笑表达自己的善意，所有人也都能理解微笑的含义。在所有表情中，微笑的力量是最为强大的，它可以创造很多美好的瞬间，也可以消释负面情绪。作为爸爸，不要总是满脸严肃地对待孩子，而是要学会微笑，也不要担心微笑会减弱作为家长的威严，因为微笑会拉近爸爸与孩子之间的距离，让孩子更愿意亲近和信赖爸爸。

很多爸爸误以为微笑只是一种表情，只要强颜欢笑就能做出微笑的表情。强颜欢笑是皮笑肉不笑，是面笑心不笑。只有发自内心地微笑，使微笑变成绽放在心底的花，微笑才会更加具有感染力，也才会变成一种修养，一种力量。

很久以前，有个小女孩在家门口的路边玩的时候遇到了一个陌生人。看到陌生人要过马路，小女孩赶紧微笑着给陌生人让路。让小女孩惊讶的是，陌生人走到她面前就停下了脚步，静静地看着她。小女孩不知道陌生人要做什么，却始终面带微笑看着他。良久，陌生人把随身带着的一件贵重东西送给了小女孩，作为礼物。小女孩回到家里，把这件礼物交给爸爸看。爸爸很纳闷，因为他想不出来谁会送这么贵重的礼物给小女孩。他感到很不踏实，因此带着小女孩和这份礼物去路口等待，想要再次遇见那个送礼物给小女孩的人。

几天后，爸爸终于等来了这个陌生人。他赶紧把礼物还给陌生人，说道："您好，这个礼物太贵重了，我们无功不受禄，不能收。"然而，陌生人一心一意想把这个礼物送给小女孩。看到小女孩的爸爸一直推辞，他才说："我很久没有看到过纯真的笑容了，却在您的女儿脸上看到了，这笑容就像是一束阳光照进我的心底，让我的内心充满了温暖，充满了感动。您放心，我不是坏人，我只是一个很孤独的人，穷得只剩下钱而已。"听了陌生人的话，爸爸这才放下心来，他骄傲地说："我家里的人都很爱笑，所以孩子也很爱笑。如果您喜欢在欢声笑语的家庭里生活，我诚挚地邀请您经常来我的家里做客。我家虽然没有美味珍馐，但是家常菜也是很好吃的。我家虽然没有豪华的房子，却很热闹。我家虽然没有昂贵的装饰品，但是人人脸上都洋溢着笑容。"后来，陌生人真的成了小女孩家里的座上客。每当有闲暇时，他最喜欢来小姑娘家里。

从这个事例中，我们不难看出微笑所具有的神奇力量。在这个世界上生存，金钱和物质固然重要，但是笑容和快乐也是重要的。一个人即使有再多的金钱，但是如果始终愁眉苦脸，那也不可能感受到快乐。反之，一个人即使没有很多钱，过着简单清贫的生活，但是只要家里充满欢声笑语，脸上时常挂着微笑，那就是幸福且富足的。

在漫长而又短暂的人生中，人们追求的东西很多，例如金钱、名利和权势等。但是，人生中真正属于自己的只有内心的感受，其他的都是身外之物。当心情不好的时候，我们可以对着镜子里的自己微笑，说不定假装

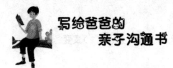

快乐之后就会真的快乐起来；当心情大好的时候，我们更应该保持微笑，这样就可以通过微笑把内心的快乐传达给他人，使他人和我们一起营造美好的生活氛围。微笑，适用于很多情境，更适用于所有人。作为爸爸，何不用微笑打开孩子的心扉，照亮孩子内心的世界，与孩子做到心意相通呢？微笑既是雨过天晴的彩虹，也是必不可少的桥梁，更是亲子相处的润滑剂，它能够让亲子之间顺畅地沟通，无间地相处，真诚地面对对方。当爸爸学会微笑，保持微笑，孩子也会面带微笑地回应爸爸，整个家都会因此而变得温暖明亮起来！

# 不把孩子当成"出气筒"

有人说，爸爸送给孩子最好的礼物，就是爱孩子的妈妈。然而，即便是像唇齿相依、唇亡齿寒这样密切的关系，也会有牙齿一不小心就会咬到嘴唇的时候。夫妻同在一个屋檐下生活，难免会有意见相左的时候，作为一个大的利益共同体，也会有利益相互冲突的时候。在这种情况下，爸爸一定要有大格局，要有博大的胸怀，既要能够谦让妈妈，也要能够控制好自己的情绪，不要因为和妈妈吵架，就把孩子当成"出气筒"。

看到这里，相信很多爸爸都会当即表态：夫妻吵架归夫妻吵架，我们怎么会拿孩子当出气筒呢？爸爸可不要太早做出这个保证，因为一旦被愤怒冲昏了头脑，人的智商就会瞬间降低，谁知道爸爸会不会在气昏了头的情况下做出冲动的举动呢！事实证明，很多爸爸不仅在和妈妈吵架的时候会拿孩子"出气"，在工作上出现失误被领导批评之后，也会带着怒气回到家里，对着孩子发一通莫名其妙的邪火呢。

人是感情动物，每个人有了情绪都需要向外发泄，这是必然的情绪反应。在释放情绪的时候，人们都会本能地寻找比自己弱的对象进行情绪释放，这完全符合心理学领域著名的"踢猫效应"。踢猫效应是什么意思呢？从心理学的角度解释，就是说当一个人产生负面情绪的时候，就会向那些比他更加弱小或者职位权势不如他的人寻求发泄，而那些被他当作发

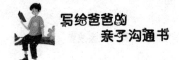

泄对象的人，又会去找更弱小的人进行发泄。这里所说的猫，指的就是最为弱小的被发泄对象。这些弱小的对象承受了来自各种渠道的愤怒，承受了很多委屈。现代社会中，人的生存压力很大，职场竞争异常激烈，这使得作为成人角色的爸爸为了谋求生存，必须非常努力，因此也必然会非常辛苦。当爸爸在家以外的地方承受了委屈和压力，就很有可能回到家里对着家人发泄怒气。为了避免夫妻之间争吵，他们会本能地选择对家里力量最弱的孩子进行发泄。此时，孩子就成为踢猫效应中那只可怜的"猫"。那么孩子在家庭生活中的感受会如何呢？他们对爸爸的感受又会如何呢？而很少有爸爸会想过这些问题。

爸爸一定要认清生活的真相，知道自己在生活中承担的一切，都是自己应该承担的，而非孩子给他们增加了额外的负担。有些爸爸越是打拼辛苦，越是觉得自己都是为了孩子才这么辛苦，因而恨不得现在就向孩子索要回报。而孩子呢？觉得万分委屈：又不是我让你生我的，你养不起我凭什么怪我？孩子说得没错，爸爸和妈妈选择组建家庭，养育孩子是作为父母的责任和义务。既然生了孩子，就要养孩子，就要为之负责。唯有摆正自己的心态，不再愤愤不平，爸爸才能保持平和。

最近，晓东一旦看到爸爸回家，就吓得赶紧躲到自己的房间里，不敢出来。这是因为爸爸只要看见晓东，就会恶狠狠地盯着晓东，尤其是在看到晓东狼吞虎咽吃东西的时候，或者是听到晓东以买文具、生活用品等为由向他要钱的时候，爸爸更是对晓东生气。他常常抱怨晓东："你可真是个讨债鬼，我一定是上辈子欠了你的，这辈子才会还也还不完。我非得被你累死不可。"原来，爸爸自从去年下岗之后就一直在打零工，不但特别辛苦，还没有稳定的收入，经济压力特别大，所以不知不觉间就把这笔账算到了晓东头上。

这天晚上，爸爸在干活的时候不小心伤到了手指，导致一根手指骨折，这意味着爸爸未来两个月不能干活了。妈妈一直在埋怨爸爸："你这么大的人了，干活怎么不小心点儿呢！我看你有可能故意的，想以这种方式偷懒！"妈妈话音刚落，爸爸就火冒三丈："我故意的？你把手指伸出来，我把你的手指砸断，你看看你是不是想这样偷懒！"说完妈妈，爸爸看到晓东吃完了一个馒头，又拿起一个馒头，恨恨地说："晓东，你是饿死鬼投胎吗？你吃这么多！我告诉你，我可不想继续养你了，我以前像你这么大的时候早就到处干活挣钱了！"晓东看到爸爸把战火引到了他的身上，赶紧放下筷子和馒头，匆匆地回房间了。

在上面这个事例中，爸爸的心理完全符合踢猫效应的规律。爸爸因为没有文化，下岗之后找不到像样的工作，就只能四处打零工，不仅非常辛苦，还赚不到很多钱。他感受到巨大的生活压力，因而把自己的辛苦全都归结为养育晓东，为此对晓东颇多怨言。其实，晓东是最无辜的。和其他孩子过着无忧无虑的生活相比，他时常被爸爸的怒火灼伤，又不敢为自己辩解，更不敢反抗爸爸。爸爸哪里知道，他这样为了一时之快口无遮拦地责骂晓东的行为，只会让晓东越来越仇视和疏远他。长久下去，晓东会感到内心非常压抑，还有可能会因此而怨恨爸爸。

爸爸要明白一个道理，既然生了孩子就要把孩子抚养成人，与其一边为孩子付出，一边又在精神和情感上折磨孩子，使全家人都不快乐，不如

积极地承担起生活的责任，尽到养育孩子的义务，这样反而可以活得更加开心和充实。不管是在工作中遭到了领导的批评，还是在生活中承受了过于沉重的压力和负担，爸爸都要挺直脊梁，用宽厚的肩膀为孩子支撑起童年的晴空。孩子唯有在爸爸爱的呵护下成长，才会获得幸福快乐的童年，才会拥有健康的身心，从而拥有美好的未来。反之，如果爸爸始终把孩子当作出气筒，孩子在这样的家庭环境中是不会感受到快乐和满足的！因此爸爸一定要视孩子为命运最好的礼物，要发自内心地接纳和热爱孩子，并坚信自己为孩子付出的一切都是值得的！